РУСЛАН БЄДОВ

ХАРАКТЕРНИКИ

СПАДЩИНА САРМАТСЬКИХ ВІЩУНІВ

РУСЛАН БЄДОВ

2025

АВТОР: РУСЛАН БЄДОВ

ОБКЛАДИНКА: ВОЛОДИМИР ЕВКАР

ОРНАМЕНТИ: ADOBE STOCK, PIKISUPERSTAR, FREEPIK

ДРУКУЄТЬСЯ В АВТОРСЬКІЙ РЕДАКЦІЇ

(надруковано в Сполучених Штатах Америки)

Роман "Характерники: спадщина сарматських віщунів " занурює читача в наше XVII сторіччя з чаклунством, козацькими походами та тими людьми, про яких не писали в історичних хроніках.

Характерники Іван Рудий та Петро Соболь стикаються з таємницею загадкової Булави. Той, хто заволодіє нею, зможе отримувати перемоги в кожній битві. Степом блукають мерці, Булава зникає, а мертва мавка щиро закохується в живого парубка.

ISBN: **978-6179516320**

"Хто меткий та хитрий, вміє собі порадити, дістає від товариства прикметник характерника, якогось надчоловіка, котрого куля не бере і котрий самого чортяку вміє окульбачити і заставити собі служити"

Євген Гребінка

ЧАСТИНА ПЕРША

Іван Рудий

Пролог

У придорожньому шинку край загубленого серед степу села, в післяобідній час було повно народу. Місцеві хлібороби відпочивали, потягуючи міцний мед, який майстерно варив для них старий пузань-шинкар Теофіл. Через це ім'я, а швидше через те, що шинкареві було винно гроші ледь не пів села, Теофіла усі називали жидом, але пошепки, щоб він, бува, того не чув, бо дуже ображався.

Хазяїн чи не єдиного в Південному Степу шинку, який ще не встигли розграбувати татари, завжди давав в борг, був вдівцем, знав на пам'ять майже весь Псалтир, мав чотирнадцятилітнього сина, який потайки мріяв втекти до Січі "рубати ляхів та бусурманів", але боявся батька.

Найбільш бажаними гостями в шинку Теофіла були чумаки, що поверталися з Перекопу, везучи у своїх приземкуватих скрипучих

возах не тільки сіль, а багато різного краму, яким торгували на запиленому майдані перед невеликою, але охайною каплицею. Саме через ці ярмарки усі на селі з нетерпінням чекали, коли ж нарешті "підуть чумаки".

На чоловіка в козацькому вбранні, який тільки-но з'явився на порозі шинку, ніхто не чекав. Січовиків не надто радо приймали в цих краях, навіть з огляду на близькість Січової Фортеці та вдосталь історій, іноді схожих на вигадки божевільного бандуриста про надприродну силу козацької шаблі. Не любили в цих землях козаків переважно з остраху, що колись, слідом за ними завітають татарські вершники, які, дяка Богові, давно тут не з'являлися.

Січовик зачинив за собою двері, перехрестився на ікону, вклонився їй до землі, знявши шапку, гучно привітався з товариством та наблизився до шинкаря.

— Прошу для коня води та сіна, а для себе чарку меду, — мовив ввічливо.

Шинкар зиркнув на гостя, потім покликав сина, наказавши попіклуватися про коня. Поставив повний келих. Козак одразу розплатився, та сьорбнув меду, не сідаючи — довга дорога та дві безсонні ночі давалися взнаки.

Побачивши монети, шинкар змінив ставлення до гостя.

— Як там січове козацтво поживає? — запитав, улесливо посміхнувшись. — Чи боронить Свята Матір Божа своїх лицарів та їх фортецю?

— Не знаю, — відповів незнайомець,—не був там з минулого молодика.

— Он як! — відізвався шинкар, але далі розпитувати не наважився.

—Давно сюди бусурмани навідувалися?—запитав козак.

Шинкар швидко наклав на себе хрест.

— Від Катерини не було видно...

Козак мовчки кивнув та сів за стіл у віддаленому темному кутку, з новим повним келихом.

За мить після цього всі присутні, ніби за командою, забули про присутність гостя.

Коли відвідувачі, похитуючись від випитого, вже розійшлися по хатах, а син шинкаря збирався закрити двері шинку на важкий металевий засув, на порозі з'явилися два татарина при шаблях з пістолями за широкими шкіряними поясами.

Шинкар злякався, але виду не подав. Під прилавком на такий випадок теж мав заряджену зброю, але щиро сподівався, що до неї справа не дійде, адже здогадувався за чим ті два пройдисвіти прийшли та навіть очікував отримати трохи грошей за цінні відомості.

— Шукаємо одного січовика, — мовив один, переступивши поріг з виразом відвертої відрази на круглому червоному обличчі, та уважно оглянувши приміщення. Другий так само зиркав по кутках.

— Володар Мурза Хаджи Бей повинен зустрітися з ним у важливих державних справах, але, певно, ми розминулися.

— Був тут один, — відповів шинкар, не відриваючи погляду від небезпечних гостей,—випив три келихи та поїхав собі.

Татари із цікавістю поглянули на чоловіка та підійшли ближче.

— Не бачив часом, у який бік подався він? — запитав один з них.

Шинкар вже був готовий розповісти про те, як січовик сів на свого коня та попрямував на північний захід вбік Фортеці. Хоча насправді ані сам шинкар, ані його син, ані будь-хто інший не бачив, куди подівся той козак — був і не стало його. Куди йому ще їхати? Певно, до Фортеці на Острів подався! То чому ж не сказати про це тим, хто, ймовірно, ще й заплатить?

Але того вечора шинкарю не вдалося заробити трохи бусурманської міді. Відкривши рота, старий з виряченими очима дивився на те, що з'явилося з темряви дверного отвору слідом за татарами...

Розділ перший

Л iниво розкинувся український хутір на пологих пагорбах високого берега Ворскли. Побілені хатинки перлинами виглядали з-поміж зеленого моря чепурних садочків, баштанів, городів та луків. Сонце піднялося високо, і снодійна, зовсім не травнева спека покривалом солодкої дрімоти огорнула світ. Панувала полуднева тиша, яка тільки інколи порушувалася невдоволеним коров'ячим муканням або гудінням великого жука в нагрітому повітрі.

На широкому подвір'ї старого Миколи Соболя усе наче вимерло. Навіть зазвичай галасливі гуси нечутно копирсалися у великій калюжі на галявині перед тином.

Почувся гуркіт казанів. То поралася стара Соболиха. Розклавши посуд по місцях, вона заходилась лаятися. Дісталося, як водиться, чоловіку, який за півтора тижня не спромігся полагодити тин на межі. Потім прийшла черга сусідських курей, які вчора ввечері несподівано

завітали на баштан. Дійшло і до Петра — молодшого сина старого Соболя.

—Де цей навіжений пройдисвіт, хотіла б я знати! — роздратовано бубоніла Соболиха, перекладаючи крам у величезній, оббитій залізом скрині, що займала майже третину невеликої світлиці. — Чи він і у вус не дує, що худобу потрібно напувати?

—У нього вусів ще немає, — пожартував старий Соболь, перевертаючись з одного боку на інший. Бурмотіння Соболихи розбудило його ще тоді, коли вона переймалася сусідськими курями на баштані. Про тин він, звісно, не почув або не захотів чути. Ще б пак! Лагодитимеш тин — неодмінно зіткнешся з Ваньком Кожем'ятьком, сусідом, а старий Соболь не дуже полюбляв його — бо той нишком, наче жид, лихварював та водився з ляхами.

—І тобі нема діла, що корівки наші від спраги ляжуть?!— накинулася Соболиха на чоловіка — нарешті з'явилися вільні вуха: — Чи тобі повилазило, стара трухлява колодо, що цей бовдур останнім часом зовсім від рук відбився? Не хоче слухати, що йому добрі люди кажуть! Тільки й знає, що по дівках на вечорниці бігати!

— Йому б на Січ... — подав голос Соболь і замріяно зітхнув: — Нехай би пішов за Степаном, братом своїм.

У відповідь Соболиха залишила свій крам і дико витріщила очі на чоловіка.

—Ти що, зовсім розум утратив? — загриміла вона. І Соболь одразу пожалкував, що завів мову про Січ. — Що ти верзеш, каліко безсо-

ромний?! Мало того, що на цій триклятій Січі ти руку залишив, мало тобі, телепню безмозкий, що син твій старший, Степан, загинув від шаблі бусурманської, так ти ще й Петра туди тягнеш!

— Вгамуйся, стара, — підвищив голос Соболь. — Тобі аби сиділи мої сини під твоєю широкою спідницею та хвости коровам крутили. А те, що ляхи з бусурманами люд наш православний нищать, добро наше відбирають, дочок наших у неволю забирають, до цього тобі й діла нема. Одне слово — баба!

З цими словами Соболь підвівся й звичним рухом лівої руки заткнув пустий правий рукав сорочки за широкий червоний козацький пояс. — Краще, ніж базікати про те, в чому не тямиш ані біса, зварила б поїсти…

Соболиха чи не з хвилину дивилася на чоловіка так, ніби чорта побачила. Потім розкрила рот і набрала у груди більше повітря, щоб дати достойну відсіч, — але в цю мить знадвору донісся кінський тупіт. Соболиха, почувши те, забула про сварку й сплеснула руками.

— Невже ляхи? — тільки й вимовила вона.

Соболь виглянув у маленьке віконечко, що виходило на двір, але нічого не побачив. Тупіт тим часом стих.

—Казала тобі, — знову накинулася Соболиха на старого козака, — замирись із Кожем'ятьком, бо буде нам лихо. Тепер, коли він ляхів наслав на нас, що робити будеш?

У дверi постукали. Соболиха перехрестилася й пошепки забурмотіла молитву, дивлячись на двері, як на привид.

—Чого стоїш, дурна бабо, йди спитай, хто! — прошипів Соболь й кинувся до припічка, за яким ховав шаблю та пістоль.

—Сам іди, — огризнулася Соболиха пошепки. — Це ти накликав біду на наш дім. За що тільки така кара на мою голову?

У двері знову постукали — вже гучніше.

—Хазяїн удома, чи вимерли тут усі? — загукав непроханий гість.

— Щоб ти у пеклі горів, триклятий… — мовила Соболиха й почала ще хуткіше хреститися на ікони в кутку.

Соболь кинув посеред хати зброю та побіг до дверей відчиняти.

— Сама ти гірше за ляха, стара бабо! — весело вигукнув він. — Злякаєш своїм базіканням кого завгодно. Це ж Іван Рудий завітав до мене, старого телепня!

На порозі виросла кремезна постать уже немолодого козака, на дві голови вищого за Соболя. Одягнений він був у широкі, заляпані багнюкою малинові шаровари з дорого турецького сукна. Закурена сорочка прилипла до спітнілого тіла. На перев'язі висіла добра шаблюка, за поясом стирчали два пістолі. Козаки обнялися.

— Бачу, Соболю, перетворився ти під бабською спідницею у справжню галушку: живіт, немов у свині, пику наїв он яку! — пожартував гість.

Старий тільки махнув рукою й запросив його за стіл, що стояв біля хати під солом'яним накриттям.

—Бабо, — гукнув він у хату, — винеси меду для доброго гостя!

—Цей гість гірше за ляха, — відказала Соболиха в пів голоса, але пішла виконувати наказ чоловіка.

—Так, не ті часи зараз, не те, що раніше, — мовив Соболь. — Ще з десяток років тому славно ми турків рубали. Та вже я не той, Іване, брате мій, — з цими словами Соболь смикнув за пустий рукав. — Кляті бусурмани відібрали руку...

—Е-е! – протягнув козак. — Ти, я бачу, зовсім закис серед своїх баштанів. Чи то не твій молодший син худобу додому гонив на дорозі?

—Мабуть, він, — понуро відповів Соболь.

—Тож я бачу: на старшого Степана схожий як дві краплини води, — сказав Іван, — але долю для нього ти вибрав зовсім іншу.

Козак уважно дивився на парубка, що саме заганяв корів у двір. То був молодший син старого Соболя — Петро.

— Що ж, крутити хвости коровам та чистити за ними багно — непогане життя нащадка славетного козака...

— Колишнього козака, Іване, колишнього, — відказав Соболь.

Вечоріло. Двоє бойових побратимів сиділи за столом, посмоктуючи добрий мед з великих чарок.

— Колишніх козаків не буває, — поміркувавши, відповів Рудий. — Ось ти кажеш про ті часи, коли ми з тобою пліч-о-пліч рубали бусурманів і ляхів. Так, було діло, але й зараз часи не змінилися. Ворог усе ще дивиться на землі дідів наших неситим оком, щоб загарбати їх. Невже ти з тих, хто дозволить йому робити нечисту справу?

— Не можу я вимахувати шаблею, як раніше, Іване…

— Можеш, Соболю, можеш, — обірвав товариша Рудий.— Твоя шаблюка в руці Петра може зробити багато доброго.

— То чого ж ти все це кажеш мені? — роздратувався Соболь. — Спитай у нього. Чи ти думаєш, що я його силою на Січ гнатиму?

Іван Рудий задумливо покрутив кінчик оселедця.

— Можливо, ти й правий, — мовив він, — спитаю завтра. Ти ж не проти, якщо я трохи поживу в тебе? Маю справи у тутешньому краї, ось і вирішив по дорозі завітати до тебе. Та бачу, що твоя жінка на мене недобрим оком дивиться…

— Чи ти не козак уже, що на бабу зважаєш, — зрадів Соболь. — Живи скільки треба! Що там Сірко досі в отаманах ходить?

— Авжеж! — посміхнувся Іван. — Ніхто за нього краще бусурманів не бив!

Соболю дуже хотілося дізнатися, у яких справах завітав Рудий. Він навіть розкрив рота, щоб спитати, однак, зустрівшись поглядом з козаком, зрозумів, що розмова про це зараз недоречна.

— Живе Січ, — тихо мовив Соболь, дивлячись, як вечірні тіні покривають хутір.

— І буде жити, Соболю, буде, — відповів Рудий.

Козаки знову наповнили келихи.

Розділ другий

Подейкують, що Сірко самого чорта при собі в служках тримає. Правда то, чи брешуть? — питався Петро, спостерігаючи за тим, як Іван Рудий точить шаблю, хустиною обтирає і на сонці роздивляється.

—А ще кажуть, — далі вів Петро, —що ані бусурмани, ані ляхи, не в змозі Сірка здолати, бо йому нечиста сила допомагає.

—Те, що нездоланний він, то брешуть люди — відповів Іван, перевіряючи пістолі. — І про нечисту силу теж, бо самі нічого не знають і не розуміють, от і вигадують нісенітниці. Ти не слухай їх.

—От і я хотів би бути таким, як Сірко...

—Петре! — пролунав з хати голос Соболихи. — Де ти вештаєшся, ледацюго, що гусям їсти не дав?

—У чому ж справа? — з посмішкою спитав Рудий.

—Мати про Січ і слухати нічого не хоче, — зітхнувши, відповів хлопець. — Третього дня перед тим, як вам приїхати, попросив я в батька шаблею помахати надворі. Мати як побачила, відібрала ту шаблю та руків'ям її добряче відшмагала по спині. Лаялася страшенно. Батько каже: це тому, що Степан, брат старший мій, від руки бусурманської загинув.

—Так, загинув, то й що? Наче тут загинути не можна.

—То ж бусурмани далеко...

—Не так вже й далеко, хлопче. Якщо всяк козак боятиметься смерті та кожен за своїм тином ховатиметься, то й сюди бусурмани рано чи пізно прийдуть. Будь певен. Та й ляхи ненадовго заспокоїлися. Добряче Хмель їх бив, але, мабуть, мало... То хто ж боронити землю рідну буде, га?

—Авжеж, — відповів тихо Петро. — Але мати моя дуже вже заклята щодо Січі. Навіть батько з нею нічого зробити не може.

—Старий та немічний твій батько став, тому і не може, — відказав Рудий.

—Дядьку Іване, — помовчавши, мовив Петро, — ви зараз на полювання збираєтесь?

—На полювання? – всміхнувся козак. — Можна й так сказати. А що?

—Дуже мені з вами хочеться, дядьку Іване, — мрійливо відповів парубок.

—А як же гуси та корови? — спитав козак, хитро зиркнувши на Петра.

—Що там ті гуси? За годину все зробимо — і гайда. Я батькові скажу, що з вами йду полювати звіра. Звісно, якщо ви не проти...

«Гарний козак буде», — подумав Рудий, а вголос невпевнено промовив:

—Не знаю, що тобі й сказати...

— Дядьку Іване, — благав Петро, — я назад сам усю здобич везти буду, а ще я…

— Добре. Йди батькову кобилу гнуздай, — наказав козак, вирішивши не чекати, поки хлопчина півсвіту йому запропонує. — Стоятиму з конем в яру біля річки.

Петро кинув, що було в руках, і хутко побіг виконувати наказ. Іван поправив оселедця, вдоволено покрутив вуса та покрокував разом з конем до яру.

Сонце вже піднялося над гостроверхим дахом лісу та почало припікати.

Петро наздогнав козака на батьковій кобилі.

— Ворушися, хлопче, — нетерпляче кинув Рудий Петрові. — Ополудні ми маємо бути за півтора десятка верст на південний захід від Полтави.

— Зірка втомилася, — мовив той. — Батько ніколи не ганяв її так швидко й так далеко.

— Твій батько зовсім тварину занапастив, тримаючи увесь час у стійлі. Добре. Відпочиньмо хвилину та рушаймо далі. Часу обмаль.

— Я думав, що ми йдемо на звіра, — сказав Петро, зіскочивши з кобили та завівши її в холодок під низький розлогий ясен. — Де ж ми будемо полювати звіра, якщо ліс лишили позаду?

— Наш звір не в тому лісі, — загадково мовив козак.

— Невже ми тільки вдвох ідемо ляхів бити? — здивовано запитав Петро, хитро зиркнувши на козака.

— Ні, не бити поки що, — відповів Рудий, заплигуючи на свого коня та подаючи знак Петрові, щоб робив те саме. — Але якщо знадобиться, то й за це візьмемося...

Петро зрозумів: козак щось від нього приховує, проте розпитувати не наважився.

Далеко за полудень після несамовитої гонитви Рудий нарешті зупинив втомленого коня в гаю неподалік від низького річкового берега, вкритого білим піском. Петро, ледве живий від спеки, зліз із батьківської кобили та, прив'язавши її до стрункого граба, мертвим повалився в пахучу високу траву.

— Що, Петре, — посміхнувшись, мовив Рудий до парубка, — важко дається козацька наука?

— Чи в тому козацька наука, щоб загнати тварину та себе разом з нею? — обливаючись липким потом, відповів Петро.

— То вже хто як уміє... — лукаво відказав Рудий.

Хлопець підняв голову й подивився на козака. Щось у ньому здавалося дивним. Спершу Петро не міг зрозуміти, що саме, та врешті здогадався: Рудий зовсім не виглядав стомленим, наче весь день просидів у холодку. Чому розлючене сонце не напекло козакові поголену голову із сивим чубом?

— Невже ви й справді душу чортові продали, щоб він вас від спеки зберігав? — поцікавився парубок.

У відповідь Рудий зареготав і дістав люльку.

— Було б за що нечистому душу продавати! — мовив він, сміючись. — Невелика біда — сонце пече!

— Я теж так гадаю, — погодився Петро. — Але якщо чоловік проскакав на коні зо три десятки верст, не проливши жодної краплі поту, то без нечистої сили тут, напевне, не обійшлося.

— Кажу тобі, що сатана тут ні до чого, — відповів Рудий, розпалюючи люльку. — Але то наука велика — не боятися ані спеки пекельної, ані холоду, ані кулі ворожої.

— Я хочу опанувати ту науку! — випалив Петро, зачаровано дивлячись на козака. — Навчіть мене, дядьку Іване!

— Ото який хуткий у Соболя син! — відказав Рудий. — Усе хоче знати, та щоб і відразу!

— Усе зроблю, що тільки не накажете! Тільки навчіть спеки не боятися й кулі ворожої, щоб бусурманів бити!

— Тоді йди-но, хлопче, напувати коней та відпочивай, — з посмішкою відказав Рудий.

— А для чого ми сюди приїхали? — наважився спитати Петро.

— Хто багацько знає, той мало має, — мовив Рудий, занурившись у клуби тютюнового диму.

Розділ третій

Петро прокинувся глибокої ночі. Небо затягнуло важкими хмарами. Рудого поряд не було. Коні збуджено похропували в передчутті грози.

Молодший Соболь спробував згадати, коли він заснув. Відвівши коней на водопій, він приліг у траву трішки відпочити, розповідаючи Рудому про своє життя. Потім козак говорив про те, як вони з Петровим батьком били ляхів разом з Богданом Хмелем, як дійшли до самого Львова, а потім... Потім Петро заснув. Але це був не просто сон, хлопець це відчував, — надто довго й міцно він спав. Такого з ним не траплялося навіть тоді, коли він дуже втомлювався. Невже цей клятий характерник навів на нього свої чари? Але для чого?

Петро озирнувся: вздовж пологого берега на схід простягався степ. З річки приємно тягло прохолодою. Вітер гомонів у розлогих кронах дерев та грався в соковитім різнотрав'ї. Петро вирішив освіжитися. Підійшовши до води, побачив вогні на протилежному високому березі. Вони були зовсім близько, тільки ніч та вітер не давали розгледіти, що там відбувається. Великі холодні краплі дощу забарабанили по спині, але Петро, не роздумуючи, пірнув у темну, вкриту кругами від дощових крапель воду й швидко дістався протилежного берега. Гроза лютувала лише декілька хвилин. Розгніване небо впало на знесилену спекою землю та швидко заспокоїлося. Вітер розігнав залишки хмар. Стало тихо. Вилізши на глинистий схил, Петро майже впритул підкрався до того місця, де горіли вогні, і відразу ж почув чоловічі голоси. Один з них належав Рудому, власником іншого очевидно був поляк.

— ...якщо ясновельможний пан дійсно визнає його отаманом Війська Запорізького, чому ж він не хоче провадити перемовини з його представником? — Рудий говорив спокійно та зважено.

—Пан Стоцький справді поважає Сірка як воїна та розумного дипломата, але Сірко не поважає пана Стоцького, — приглушеним фальцетом відповів поляк, — інакше б отаман прийшов на перемовини власною персоною.

—Але ж і сам ясновельможний пан, котрий є законним представником його величності короля, не з'явився на зустріч, приславши замість себе свого ад'ютанта, — мовив козак. — Гадаю, я довів пану, що є тим, за кого себе видаю. Пропоную панові знехтувати формальностями та ближче підійти до справи, з якою він прибув.

—У Його Величності, короля для отаманів Війська Запорізького є пропозиція, — відповів польський посланець. По голосу було зрозуміло, що він ледве стримує роздратування. — Його Величність не хочуть, щоб союз Гетьманщини з царем московським заважав

січовому козацтву розвивати добросусідські відносини з Річчю Посполитою, адже вони можуть бути взаємно вигідними.

— На Січі завжди будуть раді почути будь-які вигідні пропозиції від короля, — вів Рудий. — Але чому така таємничість?

— Є справи, про які потрібно говорити пошепки, — відказав поляк, дратуючись ще більше.

— Тож до діла, — так само спокійно мовив козак.

— Кордони Речі Посполитої останнім часом потерпають від турків. Султан бажає розширити свої володіння нашими землями. Європа манить османів, як мед муху. Його Величності добре відомо, який багатий досвід має низове козацтво в боротьбі з татарами й турками. Воно може досить ефективно відвернути увагу султана від європейських справ штурмом фортеці Кизи-Кермень, що на Борисфені. Звісно, допомога буде належно оплачена. Гадаю, подарунок від його величності має бути красномовним аргументом для отамана та його воїнів.

З цими словами посланець пана Стоцького поклав перед Рудим важкий шкіряний мішок.

Несподівано в темряві затріщали кущі й наступної миті здійнявся галас.

— Що там таке? — похмуро спитав Рудий. — Ясновельможний пан обіцяв прийти без вояків та не дотримав слова?

У світлі багаття було видно, як зблід поляк. Його обличчя стало схоже на обличчя мертвяка. Він гнівно зиркнув на Рудого:

— За кого ви мене маєте?! — прошипів він. — Я обіцянку свою стримав. Вояків із собою не брав, але охорона при мені. Маю на те право. Але ви, схоже, шпигунських звичок позбавлятися не бажаєте!

— Про що ви кажете! — зіскочив зі свого місця Рудий. — Я прийшов один. А ви підступно влаштували мені пастку!

— Та невже?! — хмикнув лях. — Зараз подивимося, що там. Може, звір який заблукав! — він махнув у темряву рукою. Двоє жовнірів підвели до вогнища Петра зі скрученими за спиною руками.

— Чи не вашого звіра ми вполювали, пане Рудий? Може, ви мені скажете, скільки таких ще нишпорить у темряві, чекаючи слушної нагоди обібрати благородного пана?!

— То не звір, — відповів Рудий, видихнувши з полегшенням, коли побачив Петра. — Це… мій зброєносець. Теж маю на це право…

Тонкі брови посланця злетіли на вузьке, покрите сіткою зморшок чоло.

— Подивись, у нього навіть зброї немає! — вів своє Рудий.

Лях узяв Петра за підборіддя двома пальцями та з хвилину вдивлявся в його перелякане обличчя.

— Чого ж у тебе зброєносець та без зброї, га? — запитав він уже спокійно.

Розділ четвертий

Назад їхали не поспішаючи, мовчки. Кожен думав про своє. Рудий, насупивши густі із сивиною брови, сердито дивився поперед себе. Права його рука лежала на ефесі шаблі, вузлуваті пальці з брудними нігтями нервово бігали по ребристій поверхні руків'я. Усім виглядом козак випромінював лють — аж боязко було до нього наблизитися.

Петро їхав на батьковій кобилі дещо позаду й навіть не наважувався заговорити з Рудим, добре усвідомлюючи, що накоїв. Йому хотілося щезнути прямо зараз від сорому — він підвів козака, який довірився йому! Якщо про все дізнається батько, без нагайки по спині ніяк не обійдеться, але не це зараз турбувало Петра. Йому хотілося будь-що спокутувати провину перед Рудим, навіть якщо для цього доведеться прийняти найсуворіше покарання. Не вистачало, щоб Рудий подумав, начебто він, Петро, крім того, що бовдур, ще й боягуз.

Коли вони нарешті зупинилися напоїти коней, Петро наважився заговорити.

— Дядьку Іване, — ніяковіючи, почав хлопець.

— Що? — спитав Рудий, уважно поглянувши на Петра, наче вперше бачив.

— Та я хотів сказати про те, що сталося...

— Е! — Рудий тільки роздратовано махнув на Петра рукою. — Що ти скажеш? Дурна голова — хворі ноги!

Ніякої злоби в голосі козака Петро не почув, тому розгублено мовив:

— Ще б пак, так підвести…

Рудий підвівся й повернувся до Петра:

— Ти хочеш стати вправним козаком, якого ані куля, ані шаблюка ворожа не візьме? Не передумав ще?

— Та ви що, дядьку Іване! — Петрові очі загорілися молодечим вогнем. — Я ж син козака, і теж козаком бути хочу! Тільки ви не гнівайтесь на мене, я ніколи більше…

— Тоді не кажи батькові, що сталося, — не дав йому договорити Рудий. — Бо він, якщо дізнається, то не пустить тебе на Січ зі мною. Та, мабуть, був би й правий — я, бовдур старий, тільки-но ледь не згубив останньої його дитини! Буде мені наука надалі. А ти теж зайве носа свого не встромляй деінде, бо, не приведи Боже, не тільки без носа, а й без голови залишишся. Негоже козаку долю свою задарма випробовувати, вона для більш важливих справ знадобиться.

— Добре, дядьку Іване… — здивовано вимовив хлопець.

— Ну що, готовий науку козацьку опановувати? — уже весело, з іскорками в очах спитав Рудий, наче нічого й не сталося.

Хлопець ледве не вискочив із сідла.

—Хочу проходити крізь стіни, як Сірко робить! — упіймавши на собі здивований погляд козака, Петро осікся.—Принаймні, таке балакають...

Рудий наблизився й серйозно подивився у вічі хлопцю:

—Не слухай того, що теревенять. Іди своєю дорогою.

—То що ж мені робити, дядьку, га?

Козак виїхав на узбіччя, зістрибнув з коня та озирнувся:

—Бачиш той пагорб зі смерекою на вершині?

—Звісно...

—Бери цю каменюку й поклади її біля смереки до того, як почнеться полуденна спека.

Петро подивився на кругляк, обійшов його, зняв свитку й підняв. Камінь не здавався надто важким, а пагорб — дуже крутим. Про себе хлопець вирішив, що легко впорається із завданням.

—Мерщій, — підбадьорив його Рудий. — Сонце вже високо!

Тільки дуже уважний погляд зміг би помітити приховану в густих вусах іронічну посмішку.

Петро мовчки взяв камінь на плечі й побіг до пагорба. Спочатку ноги легко несли хлопця до цілі. Здавалося, що він досягне вершини раніше, ніж настане полудень.

Та коли почався крутий підйом, плече вже нестерпно боліло. Петро вирішив зупинитися й перепочити. Присівши на свій камінь у тіні невеликого граба, хлопець щиро пошкодував, що не подумав

взяти із собою хоча б трохи води. Зжувавши кілька соковитих кульбаб, Петро подивився в синє небо. Розпечене сонячне кружало, наче насміхаючись, швидше, ніж звичайно, поспішало до зеніту.

Знову підхопивши каменюку, Петро крок за кроком почав долати підйом, який виявився набагато крутішим, аніж здавалося здалеку. Хлопець вирішив не дивитися вгору, оскільки піт з лоба одразу ж заливав очі, а зосередився на кожному кроці: зробив один — добре, тепер наступний, потім ще один. Головне — не зупинятися й не думати про пекучий біль від гострих виступів, якими камінь упинався в тіло.

Знесилений, Петро повалився на землю. Було важко дихати й уже думалося, що він раніше, ніж те запланував суворий дядько з ікони, опиниться в пеклі. Петрові було байдуже: дістався він вершини пагорба вчасно, чи ні.

Поряд тріснула гілка. Петро повернув занімілу шию й побачив Рудого. Той розвалився на купі сіна під калиною й дивився на нього, протираючи свою шаблюку чистою хустиною.

— Якби я був ворогом, ти давно лежав би тут мертвим, — мовив козак, уважно розглядаючи юнака. Те, що він бачив перед собою, йому не подобалося.

— Як ви тут опинилися? — здивовано запитав Петро, а потім посміхнувся: — Авжеж, ви ж на коні…

Рудий тільки повів плечем й одним точним рухом уклав шаблю в піхви.

— Мій кінь прив'язаний до верби поряд із твоїм, — мовив козак. — А ти не встиг донести вантаж до вершини пагорба — сонце вже в зеніті.

Петро обурено подивився на Рудого, потім підвівся й озирнувся: справді, до вершини залишалося з десяток кроків.

— Уяви, що замість каменю в тебе зброя та набої для твоїх побратимів. Все це потрібно саме зараз і не миттю пізніше. Запізнився — загинуло багато людей. Тому що ти не зміг...

Петро опустив очі.

— Дядьку Іване... — хотів якось виправдатися, але скинув погляд на козака та й замовк.

— Поки ти, Петре, не козак, — похмуро розглядаючи свій інкрустований пістоль, мовив Рудий.

Від таких слів у Петра впало серце. Що це з ним? Батько бусурманів і ляхів рубав, брат загинув, землю рідну захищаючи, а він що, здатен тільки гусей пасти та за дівками вештатися?

— Але я вмовлю батька, — мовив козак після короткої паузи. — Думаю, він дозволить зробити з тебе людину.

— Дякую, дядьку Іване, — через силу зрадів хлопець, але козак зупинив його жестом:

— Не дякуй. Краще візьми ту каменюку й мерщій на вершину пагорба за мною.

Петро миттю забув, що хвилину тому почувався смертельно втомленим, і, підхопивши камінь, кинувся за козаком.

Рудий чекав на верхівці пагорба, роздивляючись небокрай. Хлопець випрямився на весь зріст і став поряд.

— Чи не за тим лісом біля річки твоє село, Петре? — Рудий так тихо спитав, що хлопець ледве почув його. У цю ж мить густе, як кисіль, розігріте повітря сколихнув несподіваний порив із присмаком горілого дерева.

«Хтось палить багаття», — подумалося Петрові. Вголос він відповів:

— Так. Мабуть, хтось кабана забив…

— Щось від того кабана забагато чорного диму, — ще тихіше мовив Рудий. Від цих слів, а скоріше від тону, якими вони були сказані, Петрові стало моторошно.

Над лісом справді стелився морок, розкидаючи страшні чорні щупальці.

— Що це, дядьку? — стурбовано спитав Петро.

— Не питай мене, хлопче, краще біжи до коня, — скомандував Рудий, поклавши руку на руків'я шаблі.

Вони мовчки спускалися з пагорба.

У Петровому животі повільно наростало гидке відчуття біди. Таке, як тоді, коли в їхню хату прийшла звістка про смерть брата…

Розділ п'ятий

Дерев'яна охайна каплиця височіла на вершині невеликого пагорба за останнім рядом хат край села. Поруч навіть здалеку було видно старий цвинтар з убогими хрестами та приземкувату хатинку старого попа. Коли Петро був зовсім малий, вони з братом полюбляли стежити, як той засвітла, щоб ніхто не бачив, ходив купувати медовуху в жида-шинкаря. Шинок стояв на Київському тракті, неподалік від цвинтаря. Баби вважали цей єдиний в окрузі питний заклад проклятим місцем та лякали всіма пекельними муками своїх чоловіків, яких туди тягнуло, наче мух до гною.

Зараз здалеку колись гарненька каплиця та сірий непримітний шинок, святе і грішне, як їх називали в народі, однаково палали, вивергаючи в сліпе небо важкі клуби диму. Він підіймався й застигав у густому, наче драглі, повітрі, простягаючи чорні обійми кудлатій темній хмарі, що сунула з північного сходу. З того місця, де причаїлися серед дерев Рудий і Петро, хат видно не було й від них не долинало жодного звуку.

Над головою якось особливо гучно й тривожно шумів пожовклим від спеки листям високий ясен. Хлопець ледве стояв на ватяних ногах. Долина з чорним покривалом кіптяви здавалася йому химерною місциною з потойбічного світу, що мариться в нічному кошмарі.

Дорога, блідо-жовтою змійкою звиваючись поміж пагорбів, проходила поміж старим церковним цвинтарем та шинком. Піднімаючи вихори сивої пилюки, на тракті з'явився чималий загін вершників. Намагаючись роздивитися їх, Рудий підвівся в сідлі, приставивши широку долоню до чола.

— Невже ляхи?! — видихнув Петро.

— Не схоже на них, — обізвався козак. — Вони б не палили церкви.

— Хто ж тоді, татари?! — допитувався хлопець.

— Скоріше за все... — мовив Рудий.

Він замовк, побачивши дещо дивне. Позаду загону їхав вершник і щось тягнув по дорозі за собою на мотузці. Через пилюку важко було розгледіти, що відбувалося насправді. Але навіть Петро здогадався:

— Полонений...

— Якби їм був потрібен полонений, вони б не тягнули його, наче мішок, — відповів Рудий. Обличчя козака стало схожим на маску. Тільки очі палали войовничим полум'ям.

— Що робитимемо? — Петро почувався безпорадним і пригніченим, уявляючи, що сталося зі старою матір'ю та батьком.

Рудий зіскочив з коня й передав віжки хлопцю.

— Твоє завдання зараз сховатися в тому приліску й чекати на мене. Навряд вони там з'являться.

— А ви що? — схвильовано допитувався Петро. — Будете кликати на допомогу?

— Той, кого тягне поганий яничар, можливо, ще живий, — тихо промовив Рудий. Перевіривши пістоля, він заткнув його хлопцю за пояс і щез у кущах, залишивши Петра на самоті з власним страхом.

Не відчуваючи ніг, молодший Соболь присів на повалене дерево. Мабуть, пояс був погано зав'язаний, тому що пістоль упав на землю. Петро підняв важку зброю. Стало ще більш моторошно. Колись, нишком від матері, батько вчив його заряджати пістоль і розповідав, як ним користуватися. Петрові навіть пощастило раз чи два вистрілити по диких качках у плавнях, але щоб убити людину...

Поруч пролунав стукіт копит. Хтось різко вигукнув чужинське слово, мало не вигнавши юначе серце з грудей. Кінь Рудого стояв спокійно, тільки повів вухом на голоси, що лунали неподалік. Однак Петрова кобила виглядала перелякано, повсякчас смикала вузду, мотала головою. Хлопець лагідно гладив її та пошепки молився святій Трійці, аби ворог нічого не запідозрив.

Коли невідомі підійшли ближче, злощасна кобила здійнялася на диби, заіржала, зламала гілку, до якої була прив'язана, і помчала до лісу. Один з чужинців одразу ж повернув у той бік, де, зіщулившись під козацьким конем, сидів Петро, тримаючи в тремтячих, мокрих від

поту долонях заряджений пістоль. Хлопець так напружив указівний палець на спусковому гачку, що майже не відчував його. Думав лише про те, що вистрілить, тільки-но шапка яничара з'явиться над бур'янами.

Хтось зашарудів у кущах. Петро вже міг чути дихання й сморід спітнілого тіла, що перебивав навіть сильний запах полину.

Раптом татарина покликали гучним гортанним голосом. Той зупинився. Крізь шалене биття пульсу у скронях Петро почув, як віддалялися важкі кроки у високій траві. З боку вже, напевне, мертвого села разом з подихом горілого дерева долинуло виття. Чи то вовче, а чи собаче...

Серед своїх вояків Хаджи-бей мав славу одного з найкращих воїнів самого Іслям Герая. Свого часу він не тільки провів багато успішних військових походів, а й виявив особисту мужність і відданість ханові під час палацових заколотів.

Річ у тім, що Хаджи-бей справді був управним вершником і обізнаним полководцем, тому багато хто з ворогів Герая прагнув привернути його на свій бік, спокушаючи казковими багатствами й обіцянками зробити головним у ханському війську. Останнього разу великий вельможа — запеклий таємний ворог хана — запропонував Хаджи-бею біляву наложницю божественної вроди із північних земель, якої ще ніхто не торкався. То мала бути платня за важливі відомості. Хаджи-бей погодився, але за умови, що спочатку він отримає

наложницю, а потім поділиться тим, що від нього бажають отримати. Коли рабиня опинилася в нього в гаремі й Хаджи-бей на власні очі переконався в її вроді, він наказав схопити впливового змовника. Зумівши переконати хана в його провині, хитрий вояка власноруч стратив того, хто зробив йому цінний дарунок.

Звісно, така відданість та хитрість не могли не привернути уваги хана. Він ще більше наблизив Хаджи-бея до себе і став доручати йому особливо відповідальні і й таємні завдання. Зараз у самому серці Гетьманщини Хаджи зі своїми кращими воїнами мав будь-що дізнатися про домовленості козаків і поляків. Один з найбільш управних козацьких пластунів був посланий на таємні перемовини з представником польської шляхти. Піймати його і змусити сказати все, що знає, — справа честі для кожного, тим більше для найкращого ханського воїна.

Однак із самого початку щось не задалося. Вірний пес Хаджи-бея під час вечірньої молитви перед виїздом несамовито вив, витягнувши морду в бік півночі. Звісно, то була лише погана прикмета, але чого б це такому розумному собаці, який без дозволу чи нагальної потреби ніколи голосу не подасть, гавкати саме під час молитви?

Наступного вечора, коли загін уже минув Перекоп, кінь помічника Хаджи-бея потрапив у капкан, що теж не назвеш добрим знаком. А вночі було знайдено наче відгризені якимось звіром голови двох своїх кращих яничарів біля входу в його намет у полотняній торбі. Напередодні їм було наказано навідатися до найближчого поселення, поповнити запаси харчів в місцевому шинку та дізнатися, чи з'являвся там часом якийсь підозрілий січовик. Навіть трохи золота дав, аби ті могли заплатити за все необхідне, а не влаштовувати криваву баню як зазвичай, а тут таке. Хаджи-бей розлютився і поклявся Алаху перетворити те село на справжнє християнське пекло.

Оскільки охоронці навіть під час катувань не змогли пояснити, як торба з'явилася біля намету, їх довелося стратити, аби інші науку мали.

І ось нарешті сьогодні вранці мета довгої подорожі була досягнута. За допомогою таємних наглядачів Хаджи-бей достеменно знав, коли й де проходив козак, який мав зустрітися з польським представником. Саме після того, коли зустріч відбудеться, потрібно було схопити його й про все дізнатися. Козаки — гарні воїни, але ще ніхто не помирав у Хаджи-бея, не виклавши всього, що знав і чого навіть не знав.

Однак погані передчуття, підігріті зловісними прикметами, почали справджуватися. Старого жида Міхаеля, останнього, хто бачив таємного перемовника від козаків, знайшли мертвим. Його знайшов у зашморгу у власній хаті сам Хаджи-бей. Усе виглядало так, наче літня та самотня людина наклала на себе руки, але досвідчений рубака не повірив у такий вельми прикрий для нього збіг обставин. Ніхто із сусідів навіть під тортурами не сказав, хто із січовиків приходив до Михаеля напередодні.

І хоч би скільки Хаджи-бей спалив хат, відітнув голів, розпоров животів та здійняв на списи дітей, усе було марно. І це страшенно дратувало. Не можна було залишатися в розореному селі занадто довго, оскільки сюди міг у будь-який час навідатися сторожовий козацький загін, однак схопити козака потрібно обов'язково. Іслям Герай був не тільки щедрим і справедливим ханом, але й пекельно жорстоким до ворогів і невдах.

Хаджи-бей розіслав людей по окрузі, щоб шукали пластуна, і готувався до виходу із села, як раптом почув від однієї скаліченої тортурами баби, що край села живе безрукий січовик. Той напевне мав знати все.

Каліку вдалося впіймати біля самого лісу, коли він вивозив свою жінку й нехитрий скарб. Кажуть, вимахував, чортяка, шаблюкою, двох яничар відправив до Аллаха, ще трьох поранив, поки його не скрутили й не притягли до Хаджи-бея.

Здавалося, на самій Січі було чути його лайку. Розбиті вуста затятого вояки вивергали нескінченний потік проклять. Старий козак лаявся з таким запалом і з такою впевненістю у силі власних слів, що навіть у бувалих яничарів мурахи по спині бігали, і вони, зрештою, запхали в рота полоненому кляп.

Він замовк, але, побачивши його витріщені очі, Хаджи-бей зрозумів, що той нічого не скаже, навіть якщо з нього шкуру здерти. Власне, можна було б цим зайнятися, але хто його знає, може, на Січі й справді вже почули ту несамовиту лайку. Пластун не міг далеко втекти, тому потрібно поспішати.

Старому Соболю спутали ноги власним поясом, прив'язали до луки сідла за єдину руку та потягли по дорозі. У гарячому полуденному повітрі здійнялася хмара пилу, яка над головами вершників поєднувалася з чорним димом пожеж.

Хаджи-бей їхав дорогою, прикриваючи обличчя від усюдисущої пилюки. Все, що він зараз хотів, — почути від своїх помічників, що пластуна знайдено й можна повертатися додому. Але розвідники вертали один за одним ні з чим.

Наблизившись до лісу, вершники почули пронизливе вовче виття.

— Чому вовки виють серед білого дня? — до Хаджи-бея під'їхав один з його помічників. Обидва його товариші насторожено озиралися.

— Може, один або двоє почули людську кров, — намагаючись здаватися байдужим, відказав Хаджи-бей. — А ти що, вовків більше, ніж низових стрільців, боїшся? Той нічого не відповів і збавив ходу, щоб порівнятися з товаришами.

Яничари були сміливими вояками, коли йшлося про битву з реальним ворогом, але байки про січовиків з надзвичайними здібностями позбавляли войовничого духу. Вони нерідко переповідали одне одному страшні історії про "служників шайтана", щоб не чули командири.

З наближенням до темно-зеленої громади лісу вовче завивання ставало гучнішим. Чутно було, що виє не один хижак і навіть не декілька. Десь неподалік зібралася чимала зграя.

Хаджи-бей зиркнув на підлеглих і потягнув за мотузку, до якої був прив'язаний полонений. Той щось прохрипів, його передавлена багрова долоня зі спухлими пальцями стиснулася в кулак.

—Чого стовбичите? — гаркнув татарин на вершників. — Мерщій пластуна шукати, бо замість нього з вас шкуру здиратиму!

Він стьобнув коня нагайкою і, піднімаючи пилюку, понісся до лісу. З одного боку битого шляху височіли могутні дуби, з другого — крутий схил. Десь тут Хаджи-бей мав зустрітися з двома своїми розвідниками.

У гарячому повітрі навіть листя на деревах завмерло, ніби чогось очікуючи. Яничар зупинився. Дорога робила невеликий вигин, за яким її поглинав ліс. Помічників позаду не було видно. Хаджи-бей залишився один. Він зістрибнув з коня, поправив халат і повільно підійшов до нерухомого Соболя. Той уже не дихав. Татарський ватажок одним рухом розрубав мотузку, плюнув на скарлючене тіло полоненого — і раптом поруч почув хиже гарчання…

Рудий причаївся на узбіччі безлюдної дороги. Разом з димом від згарища слабкий подих вітру доніс голоси й тупіт копит, що наближалися. Тільки-но Іван побачив вершника, що тягнув за собою

знівечене тіло старого Соболя, відразу ж упізнав його. То було одне з небагатьох татарських облич, яких він ніколи не забуде.

Уперше Рудий зустрівся з Хаджи-беєм багато років тому, коли потрапив у полон. Це сталося під час однієї з пластунських вилазок за Перекоп. Опинившись у темному підземеллі разом із побратимами, тоді ще молодий козак вирішив, що вже помер. Адже краще змиритися з кінцем, ніж сподіватися, що колись про тебе згадають і заплатять викуп. Єдине, що турбувало тоді Івана, — яким чином його стратять. Він не був упевнений, що зможе гідно витримати будь-які тортури. Але кількаденне очікування виявилося страшнішим за найжорстокішу смерть. Тому коли Рудого разом з іншими вивели на широке подвір'я, він сприйняв те, як довгоочікуване звільнення від принизливого полону і власних страхів.

Третину двору займала загорожа, у якій нетерпляче сновигали величезні вовки. Іван тоді вперше побачив живих дорослих вовків так близько.

Хаджи-бей по черзі підходив до кожного полоненого, подовгу дивився йому в очі, наче насолоджуючись захованим у них жахом, а потім наказував яничарам кидати козака до загорожі. Вовків, певно, довго не годували, бо вони розривали жертву за лічені хвилини. Крики тих бідолах чулися Рудому ще багато років по тому.

Нарешті настала і його черга. Татарин довго роздивлявся обличчя, молоде мускулисте тіло, наче був на торжищі.

— Вовки майже ситі, — нарешті мовив він, — тож жерти тебе вони будуть довше за інших.

Іван, зціпивши зуби, мовчав.

—Ти молодий та сильний, — далі вів Хаджи-бей, — гадаю, мені вдалося б зробити з тебе гідного воїна Аллаха.

Іван підвів очі на татарина:

— Коли я вийду звідти, то сам перегризу тобі горлянку.

Хаджи-бей на мить застиг, вирішуючи, зарізати нахабу просто зараз чи продовжити криваву виставу.

— Мій батько воював з гетьманом Хмельницьким проти польського короля, — спокійно сказав він, — і вважав, що козаки добрі воїни, але їм не вистачає розуму скористатися тим на власну користь.

— Забули смердючого татарина спитати, як нам жити…

— До вовків його! — заверещав Хаджи-бей.

Рудий не пам'ятає, скільки часу провів у тій загородці. Він сів на просякнутий кров'ю пісок, поклав голову на коліна й почав уявляти себе вовком. Таким самим, як ті, чиї вологі носи тицяли в нього з усіх боків. Ця вправа, якій навчив отаман Сірко, допомагала боротися зі страхом смерті, чиє дихання козак відчував на собі кожної миті. Але тоді її коса не торкнулася його душі, напевне маючи купу інших справ.

Його, ледве притомного від спраги, виволокли із загорожі розчаровані яничари. Пізніше Рудий дізнався, що за його звільнення сам Іван Сірко сплатив золотом.

І ось тепер саме цей татарин зовсім поряд, один, тягне за собою тіло старого Соболя. Іван схопився за шаблю. Але... ліпшої нагоди виконати дану колись обіцянку годі й чекати. Піднявши голову до розпеченого неба, характерник завив по-вовчому...

— Ти певен, що він поїхав саме цією дорогою? — питав один яничар в іншого. Той мотнув головою.

— Як ти міг залишити свого начальника одного?

— Він надто поспішав за тим смердючим козопасом...

Загін виїхав на порожню дорогу. Біля узбіччя лежало скривавлене тіло.

— Він його залишив і поїхав шукати пластуна, — припустив один з воїнів.

Наблизившись, яничари побачили, що на дорозі лежить тіло Хаджи-бея. Голова, відгризена гострими іклами, валялася в пилюці неподалік. Ані коня, ані однорукого полоненого не було видно. Лише сліди вовчих лап навколо.

Розділ шостий

Жодного разу до цього часу Петро не бачив закатованої людини. Тато лежав у поспіхом виритій ямі і, попри те, що його тіло нагадувало суцільну рану, був як живий, із таким самим виразом обличчя, який Петро бачив кожного дня. Нічого в ньому не нагадувало про смерть. Вона немов причаїлася за щільно закритими повіками. Її невидимий подих можна було сплутати з диханням живої людини. Петрові здавалося, що батько ось зараз розплющить очі й подивиться на нього своїм звичайним жартівливо-сердитим поглядом. Хлопець стояв над ще не заритою могилою в заціпенінні й не міг відвести погляду. До горла повільно підступала нудота: у грудях клекотіли несамовиті розпач і біль, яких хлопець не відчував навіть тоді, коли почув звістку про смерть брата. Почуттям ставало затісно, і вони підіймалися вгору, намагаючись вирватися назовні чи то блювотою, чи то несамовитим плачем. Тільки присутність дядька Рудого змушувала Петра, зціпивши зуби, стояти над мертвим батьком, наче той кам'яний ідол…

Рудий ледве забрав у молодого Соболя кривий держак лопати й заходився без поспіху кидати сиру землю в могилу. Вона падала на тіло великими грудками, які розсипалися на менші частки.

У якийсь момент не засипаними залишилися тільки єдина рука й голова старого Соболя. Раптом мертва рука піднялася, струшуючи із себе землю. Очі різко відкрилися. То були очі й обличчя його брата. Від того погляду Петра відкинуло від могили, стало холодно — і... він прокинувся.

На траурному покривалі нічного неба у величному безладі здивовано кліпали очима зірки, ніби просили вибачення за те, що нагнали на Петра стільки страху. Він намагався заспокоїтися. Навколо багатоголосо тягнув свою тужливу баладу степ, над мокрим від липкого поту чолом дзижчали комарі. Петро вдарив себе по щоці — на долоні залишилася чимала темна пляма.

«Подивися, як напилися, бісові діти», — промайнуло в голові. Мабуть, то була найперша думка. Хотілося пити, язик прилип до пересохлої гортані. Петро підвівся. Навкруги, куди тільки сягало око, під прозорим нічним небом колосилося різнотрав'я. На сході тонка крайка степу була ледь рожевою, віщуючи близьку появу сонця.

Петро згадав свій сон, і йому стало моторошно. Раптом подумалося: якби не цей дивний козак, його батьки зараз були б живі. Це він приніс смерть у його родину. Разом з невимовною тугою в грудях народжувався гнів, а з ним — непереборне бажання діяти просто зараз. Нехай самі чорти з пекла допомагають цьому характерни-

кові, але навіть вони не стануть на заваді… Тіло тремтіло, але не від холоду або страху, — біль підбурював хлопця до дії, приборкавши розум. Він намацав ніж, прихований у халяві, і нечутно підвівся.

Рудий сидів неподалік, схрестивши ноги, посеред рівного кола з добре утоптаної трави. Коли Петро покликав його, той навіть не ворухнувся. Осяяний блідим світлом від повного місяця, козак скидався на одиноку кам'яну бабу посеред порожнечі дикого степу. Намагаючись тримати себе в руках, Петро підійшов ближче. Тільки зараз він збагнув, що Рудий був геть голий. Із землі стирчали декілька жердин однакової довжини з пов'язаним на кінцях ганчір'ям, утворюючи чотирикутник. Степовий вітер плескав тією матерією, наче дитина в долоні. Петро нечутно наблизився, намагаючись краще розгледіти ту нічну дивину. Крізь монотонний шепіт степу хлопець раптом почув спів, схожий на гудіння. Безперечно, то був Рудий. Він чи то співав, чи то вив в один голос із нічним вітром. Під ногою у Петра щось тріснуло, і козак повернув голову. Юнак ледве стримався, щоб не закричати. Бліде обличчя козака й пломінкі, більші, ніж зазвичай, очі, пробудили в душі жах, що паралізував тіло. Хлопець упустив ножа.

«Дядьку Рудий, це ви?» — хотів спитати Петро, але вуста його ніби хтось зімкнув, язик став, як суха тирса, і прилип до гортані. Хтось підкрався ззаду й почав штовхати. Петро ледве повернув заклякле від жаху тіло і… побачив Рудого. У голову затято пекло сонце. Рудий

штовхав хлопця в спину, щоб розбудити. Зморшки на чолі козака видавали стурбованість.

— Скільки можна спати, — мовив він, поки Петро спросоння витріщався на нього, опановуючи реальність. — Тебе так татари на кіл посадять, а ти й не помітиш.

Петро сів і хитнув головою:

—Мені таке наснилося... — буркнув він, протираючи очі. — Налякали ви мене, дядьку, нехай вам грець!

Петро раптом згадав, як хотів убити Рудого — і хоча не був упевнений, чи відбувалося то насправді, чи просто наснився кошмар, зніяковів, усвідомивши, що козак міг здогадатися про його божевільний намір. І що на нього найшло?!

—Вставай! Будеш спати далі, ще більше переляку дістанеш, — козак підвівся, гострим поглядом оглянув небокрай і поправив шаблю. Виглядав Рудий настільки войовничо та зосереджено, що Петро нарешті отямився й підскочив на ноги.

—Що сталося? Татари близько?

—Три або чотири вершники, — впевнено відповів козак, — от-от з'являться з південного сходу...

Хлопець здивовано подивився на нього:

—Ви їх бачили?

—Гм... можна й так сказати, — Рудий розтягнув таємничу усмішку під довгими вусами.

У Петра очі стали великими від подиву:

—Як ви встигли так швидко повернутися з розвідки, адже небокрай чистий!

—Багато будеш знати, очі повилазять, — відказав Рудий. — Треба потурбуватися про схованку.

Петро недовірливо подивився на козака:

—Де ж тут сховаєшся — голий степ навкруги...

Потім погляд хлопця опустився з обличчя Рудого на його кремезне плече. За спиною козака Петро побачив палиці з прив'язаним на кінцях ганчір'ям, розташовані колом.

У Петра по спині побігли мурахи. Він відступив від козака.

— Дядьку Іване, — ледве ворушачи отерплим від страху язиком, промовив хлопець, — для чого ви таке влаштували?

— Роби те, що кажу, і не дуркуй, — відповів Рудий, — тоді, може, залишишся живий. До нас гості.

Козак махнув рукою на застелений блакиттю горизонт. Подивившись у тому напрямку, Петро нічого не угледів.

— Там нікого...

— А ти краще дивись, — порадив Рудий. Він уважно спостерігав за переляканим на смерть хлопцем з-під густих навислих брів і ховав посмішку в козацьких вусах.

Придивившись, хлопець справді побачив удалині ледь помітну хмару пилу. Хоча за мить до того обрій був чистий. Петро раптом усвідомив, що ховатися від татарських розвідників не було ку-

ди — навкруги навіть деревця похилого не знайти, не кажучи вже про гай чи чагарник. Хіба тікати мерщій. Але чому Рудий не поспішає?

Петро не насмілився промовити питання, що крутилося на язиці, бо, озирнувшись, помітив, як змінилося обличчя козака. Воно стало похмурим і зосередженим. Дивився диким звіром, готовим до атаки. Невже він хоче вступити в бій?

— Йди в коло… — наказав глухим голосом той.

Петро здригнувся, зустрівшись із ним поглядом. Рудий став схожий на того, яким хлопець бачив його у своєму кошмарі. Та чи то справді був сон?..

Він сидів у траві на вказаному місці й спостерігав, як наближається пилова хмара, а з нею й смерть. Хлопець не міг сказати точно, чого він боявся тепер більше: татарських вершників, що наближалися, чи дивного козака, схожого на чаклуна чи божевільного. Може, хтось у бою огрів його кувалдою й він утратив розум? А може, він справді характерник? Коли Петро чув чудернацькі розповіді про них, йому кортіло хоча б одним оком здалека подивитися на живого характерника, а тепер хочеться втекти. Петро, може б, і дременув, але від татар чи тим більше від характерника хіба втечеш?

Тим часом Іван Рудий не звертав уваги на хлопця й поводився так, наче й не було ніяких татарських вершників, з якими йому ось-ось доведеться мати справу. Він робив дивні речі: поставивши свого коня й Петрову кобилу також у коло, хвіст до хвоста, підходив до

кожного з них по черзі й шепотів щось у вуха. Петро дивився на все це з відкритим ротом.

Закінчивши розмовляти з кіньми, Рудий сів поряд із Петром, дістав шаблю та встромив її в дерен майже по саме руків'я.

«Як він дістане її тепер?» — спитав сам себе хлопець, але промовчав. Здалеку вже долинали стукіт копит, кінське хропіння та моторошне татарське тюгукання. Петро заплющив очі в очікуванні гострої сталі на власній шиї. Можливо, Рудий відстрочить смерть, але ненадовго.

Проте хвилини минали, гортанні голоси щось вигукували, коні фиркали. Петро ледь розтулив повіки й побачив шістьох татар, які гарцювали зовсім поряд із заритими Рудим жердинами. Вони уважно роздивлялися місцевість, один одного в чомусь переконували, але зовсім не звертали уваги на двох коней та людей, що сиділи поряд з ними.

Розділ сьомий

Якщо подивитися на Січ здалеку, то іноді нагадує вона котел на багатті з гарячою та вельми смачною для будь-якої вільної людини стравою. Життя булькотить у ньому від пристрастей, випаровуючи в небо все своє розмаїття димом багать та курінних печей, бойовим дзвоном шабель, гучним реготом, жартами, прокльонами та гомоном козацьких рад.

Через браму Рудий з Петром входили пішки — хлопцева кобила не витримала подорожі. Кінь козака поважно й втомлено ступав поряд. Петро теж ледве стояв на ногах, але втома відійшла вбік, вивільнивши місце цікавості, з якою хлопець роздивлявся мешканців Січі — так, наче то були янголи Господні.

Ці «янголи» вешталися пильними широкими вулицями між приземкуватими довгими куренями. Зазвичай шкіряні штани або широченні шаровари, як у Рудого з турецького шовку, та засмальцьовані (подекуди закривавлені від поранень) сорочки. Мали шаблюки в пахвах. За шкіряним поясом здебільшого стирчала пара пістолів.

Багато хто мав перемотану руку або ногу. Троє з таких несподівано налетіли на Рудого, обіймаючи його та жартома вигукуючи прокляття. На превелике здивування Петра, Рудий не відсторонився

від тих нав'язливих п'яничок, навпаки, до цього похмуре його обличчя просяяло щирою білозубою посмішкою, і він кинувся назустріч. Вони обнялися, поплескуючи один одного по спині.

— Де тебе, чорта пузатого, татари носили, га? — Петро ніколи не бачив Рудого таким веселим. Він завжди розмовляв спокійно, начебто сам із собою, а тут таке…

— Носили, та не зносили, брате! — у тон Рудому голосно відповів жебрак, від задоволення б'ючи себе по голому пузі кремезними мозолистими долонями. — Куди там бусурманам клятим добру козацьку вдачу здолати!

Раптом він став серйозним і тихо мовив:

— Ми знаємо добре, що ти більше за всіх уклав, щоб нас з неволі звільнити. За це тобі красно дякуємо. Ми боржники перед тобою.

Усі троє поважно вклонилися Рудому.

Чиясь богатирська долоня лягла на плече Петрові.

— Бачу, Рудий, ти вже собі джуру підібрав, — прогудів над головою зичний бас. — Чи вже несила самому шаблю свою носити?

Рудий повернувся на голос.

— Се молодший син Соболя, — звичним голосом мовив він. — Буде при мені поки. Звичайно, якщо погодиться. Та за рік-два стане справжнім козаком.

Петро відчув, як його обличчя вмить стало гарячим.

Високий козак у новому яскраво-синьому жупані вийшов у Петра з-за спини, узявся руками в боки й став уважно розглядати юнака.

Його глибоко посаджені очі дивилися на Петра так уважно й проникливо, мов хотіли побачити душу. Новоявлений джура в ту мить був упевнений, що саме його душу і бачить козак.

— Невже Соболь наважився свого молодшого на Січ спровадити? — мовив той.

— Не наважився б, отамане, якби смерть від татарської руки його не наздогнала... — ще тихіше мовив Рудий.

Отаман похитав головою.

— Смерть — чужа молодиця, чи не так? — тільки й сказав він.

У хлопця склалося враження, що це було сказане саме для його, Петра, розради. Адже він ще не встиг усвідомити до кінця, що залишився в цьому світі зовсім один: без батька, матері, брата...

— Пішли до куреня, є розмова, — звернувся заможний козак до Рудого. — Нехай побратими твого джуру трохи проведуть, покажуть, що воно таке — Січ.

Курінь, до якого зайшли козаки, збудували з добре витесаних колод. Він вирізнявся серед інших — був значно більший та вищий. Перехрестившись та вклонившись іконі, Рудий сів на лаву. У просторому приміщенні було пусто й прохолодно. Сірко розмістився на покутті, неквапливо поправив та проникливо подивився на Рудого.

— Які новини привіз з Півночі? — коротко спитав він.

— Ляхи просять про допомогу в боротьбі з татарами, — відповів Рудий.

— Коли вони чогось просять, знай, бути біді... — немов сам до себе промовив Сірко.

Рудий витяг з торби мішок із золотом та поклав на лаву.

— То така винагорода? — спитав отаман.

— Коли візьмемо татарську фортецю, про яку раніше велося, обіцяють більше.

— Обіцяють... Невже вони насправді вважають, що за життя моїх людей можуть заплатити клятим золотом? Цікаво, скільки ще Січ слугуватиме польському королю стіною від татар?

Рудий мовчав, опустивши очі долу. Тільки жовна під гострими вилицями видавали добре приховану лють. Він пам'ятав кожного, хто поклав голову в битвах за інтереси чужинців. Кожне обличчя поставало перед ним майже щоночі, коли очам було вже несила дивитися на світ Божий.

— Є в цій справі у нас власна зацікавленість... — тихо сказав він.

Сірко у відповідь тільки похитав головою, підкручуючи довгі фарбовані вуса. Потім важко піднявся з покуття. Дістав велику пляшку, дві чарки та невеликий горщик, дерев'яні миску й ложку.

— Потапці холодні, — вибачливо сказав отаман, наливаючи узвар в чарки, — Такий тут тільки для мене роблять...

Рудий махнув рукою. Він трохи ніяковів від тої приязності, з якою зустрічав його Сірко, тому швидко перехилив келих. Медовуха потекла по вусах, та козак швидким рухом перехопив краплі рукавом й узявся за потапці.

Сірко зробив те саме.

— Запросив я тебе, Іване, в іншій справі, — мовив Сірко, відставляючи келих. — Ляхи почекають.

Рудий підняв очі на отамана:

— Знаю я, що рвешся ти до тої твердині, як ніхто інший, — продовжував Сірко, — бо залишив у тих стінах власне серце. Але я зараз потребую допомоги, та звернутися можу тільки до тебе.

Сірко посміхнувся тим словам. Він — отаман славного Запорізького Війська, а звернутися може лишень до єдиної людини.

— Є одна річ, яка потрібна не тільки мені. Благо від неї буде всьому Війську Запорізькому.

— Що воно таке? — поцікавився Рудий.

— То булава, але незвичайна, — відповів Сірко. Він нахилився до товариша. Голос став ледве чутним, але Рудому цього було достатньо.

— Подейкують, її створили волхви, що жили на лівому березі Борисфену понад тисячу років тому. Вона має велику силу, якщо знаєш, як її добути.

— Де ся булава зараз?

— Я прочитав про неї в сувоях у книжковому сховищі в Києві. У ній спить сила для вправного воїна. Кажуть, що її поховали тисячоліття тому разом з одним із сарматських князів, а зовсім недавно її начебто знайшли кріпаки якогось польського шляхтича. Той прикрасив нею свою вітальню. Не минуло трьох місяців, як шляхтич той

помер від невідомої хвороби, а разом з ним уся його родина. Булава тоді потрапила до рук якогось жида, котрого пізніше вбили татари. Після цього, ти знаєш, я довго її шукав, поки декілька днів тому не прийшла звістка від одного з моїх пластунів, що вона в скарбниці татарського хана.

Сірко замовк. Наповнив порожні келихи і, не чекаючи, поки Рудий візьме свій, швидко перехилив власний та заричав у рукав.

—Була в мене думка самому за тією булавою податися, — продовжив він трохи хрипким голосом, — та останнім часом нескінченні чвари на Січі не пускають мене. Ось, звертаюсь до тебе з проханням зробити для мене ласку, викрасти ту булаву в бусурманів.

— Чого ми з тобою тільки з-під татарського носа не викрадали, — мовив трохи повеселілий Рудий, із силою вдаривши чаркою по дубовому столу.

У відповідь Сірко застережливо помахав рукою.

— Тут трохи інше, — сказав він тихо. — Я майже впевнений, що бусурмани вже здогадалися, чим заволоділи, тож будуть добре те охороняти.

Може ще з пів години козаки впівголоса обговорювали подробиці задуманого. Коли вже збиралися розходитися, Рудий мовив до отамана:

—Ти за молодшим Соболем доглядай тут. Маю надію, добрий з нього козак вийде, якщо, звісно, не схибити.

—Звісно, буду мати на увазі, — сказав Сірко, — я його братові винен, якщо ти пам'ятаєш…

Петро прокинувся в напівтемній халупі, підлога якої була вкрита запашним сіном. Хлопець піднявся на ноги та відразу ж зі стогоном присів — у голові паморочилося, усе тіло боліло так, ніби його цілий день лупцювали кийками.

Старенька батькова свитка була роздерта та й загалом мала досить жалюгідний вигляд. На руках, ногах та грудях безліч синців і подряпин. З невеличкого вікна лилося веселе ранкове сяйво, але Петрові було не до веселощів. Він полишив намагання підвестися, тільки силкувався згадати, що з ним сталося напередодні.

Спочатку високий, сутулий козак на прізвисько Скриня провів його вузькими січовими вулицями, широкими майданами та земляними мурами. Там Петро спостерігав за тим, як вправні молоді хлопці, перемазані, ніби ті пекельні чорти, сажею, у самих лише штанях чистили дула гармат. Під грубуваті вигуки декількох поважних козаків вони спрямовували широкі чорні гарматні жерла на південь. Усе робилося так злагоджено та швидко, що Петро майже переконав себе в тому, що хоче бути гармашем, боронити славетну Січ разом із тими джурами. Солодкі мрії хлопця перервав його провідник:

— Гей, хлопче, дивись, а то впадеш з цього муру, хто туди піде твої кістки збирати, га?

Петро слухняно зліз із муру, де міг ближче роздивитися гармати.

Скриня спостерігав за хлопцем, старанно випрямляючи вказівним пальцем посивілі вуса. Потім гукнув:

—Гей, хлопче, досить вже заважати гармашам роботу їхню робити. Прийде час і тобі буде чим перейматися, а зараз пішли, я покажу тобі дещо.

Молодший Соболь у відповідь кивнув, але погляд Скрині, як і сам Скриня йому не надто сподобався.

Цікаво, де зараз дядько Рудий?

Посеред оповитого червоним пилом майдану стояв високий стовп, до якого була прив'язана людина: руки підняті над головою й перетягнуті мотузкою, спина суцільно покрита кривавою кіркою, голова з довгим оселедцем мляво схилена на груди.

Скриня зупинився перед стовпом, знову задумливо покрутив вуса, узяв великий шкіряний батіг, що лежав біля ніг бранця. Над головою пролунав свист, а потім — характерний звук удару. Прив'язаний до стовпа вигнувся всім тілом, з його вуст вирвався слабий стогін.

— Що ви робите?! — Петро, не тямлячи себе від люті, підбіг до Скрині й вихопив батіг.

Той подивився на юнака спокійно та серйозно:

—Я виконую січові установи, — мовив він. — Цю людину викрито в тяжкому злочині, за що вона має нести ганьбу й належне покарання. А що ти, юначе, збираєшся робити на Січі, окрім як розмазувати соплі по обличчю?

Петро не здобувся на відповідь, тільки дивився на Скриню й відчував, що ось-ось ударить його батогом прямо по вусатій пиці.

—Ти поглянь тільки, якого завзятого джуру Рудий цього разу привів, — гримнув хтось позаду.

Петро кинув батіг у пилюку до ніг Скрині й повернувся на голос. Перед ним височів, руки в боки, уже знайомий козак у яскраво-синьому жупані. Руків'я обох його пістолів, інкрустовані коштовним камінням, стирчали з-за пояса, наче два роги.

—Що це у вас, дядьку, така звичка — завжди зі спини до людини заходити? — спитав Петро, дивлячись на Сірка з-під нахмурених брів.

— Якби ти був добрим козаком, то примітив би мене, коли я ще й на постріл пістоля не наблизився...

—Звідкіля ти знаєш, який я козак, коли бачиш мене другий раз у житті, — ще більше розпалився Петро.

—Тож ходімо, покажеш усьому чесному товариству, на що здатен, — мовив Сірко.

Пригадавши той момент, коли він погодився на цю пропозицію, Петро голосно застогнав. Мабуть, тоді лукавий у нього мізки з голови виняв, бо в доброму гуморі він нізащо б не пристав на ті сатанинські умови: випити три величезні чарки горілки, а потім з

повними води діжками на коромислі пройтися по колоді... Звісно, він звалився з неї через три кроки, забивши бік.

Потім Скриня запропонував проскакати три кола на кобилі навстоячки. Останнє, що пам'ятав Петро — він попросив ще півчарки, щоб біль від забитого боку не так дошкуляла...

Низькі дверцята відчинилися з пронизливим скрипом, відкривши дорогу потокам сліпучого сонячного сяйва. З яскраво-жовтої безодні виникла чиясь струнка постать й проговорила до Петра голосом Скрині:

— То що, ти так і будеш тут боки відлежувати, чи підемо науку козацьку опановувати?

Розділ восьмий

Чому сьогодні так холодно? Це єдине, про що питав себе мурза Давлет-бей, прислухаючись до відлуння від ударів копит по бруківці. Він їхав один, без охорони (така була вимога самого хана), зануреним у сонну тишу містом, укритим густим молочним туманом.

Було так рано, що на одинака навіть собаки не гавкали. Мулла покличе на ранкову молитву не раніше, ніж за годину. Навколо жодної живої душі. Під цим похмурим небом кольору поховального савана Давлет-бею стало моторошно. Він їхав зустрічати якогось ні-кому невідомого імама зі Стамбулу.

Таємний лист про його прибуття мурза отримав ще декілька тижнів тому. Він геть не розумів, чому нещодавно знайдена, хоч і за дивних обставин, річ, яку невірні називали булавою, важлива для хана Іслям Герая настільки, що він навіть не пошкодував грошей і часу, щоб запросити турецького імама.

Це питання не давало Давлет-бею спокою протягом ночі, турбувало й зараз. Татарин відчував, що тут якась таємниця, і був рішуче налаштований за будь-яку ціну дізнатися більше.

До міської брами лишався один, останній квартал, забудований караван-сараями. Тут було трохи більше світла. Час від часу, як

ті привиди, з темряви на дорогу виходили люди й одразу ж вклонялися вершнику. У туманному мареві вже зовсім близько чорною тінню здіймалися башти. Голоси невидимих охоронців трохи заспокоювали.

Раптом десь поряд скрипнули двері. Вибіг чоловік у строкатому брудному халаті, з неохайною чалмою на голові. Він нахабно схопив коня мурзи за вуздечку й уклонився так низько, що чалма майже торкнулася бруківки.

Давлет-бей аж захлинувся від люті й у першу мить навіть не міг вирішити, як висловити обурення: батогом по спині чи обмежитися лише прокляттям на голову нахаби, але в очі впали піхви від шаблі, приховані під полою халата. Погляд у незнайомця з-під насуплених брів був якийсь незвичайний — колючий та злобливий.

— Не погребуй моєю гостинністю, вельмишановний мурзо, — проскрипів голос, який важко було назвати приємним. Не міг звичайний володар караван-сараю мати такі голос та погляд.

Давлет-бей без поспіху зліз із коня, намагаючись виглядати невимушено й зверхньо.

Дивний господар кинув віжки служці та, постійно кланяючись у ноги, показував дорогу правою рукою. Навіть у похмурому ранковому світлі мурза не міг не помітити широкої мозолистої долоні. Такою радше все життя тримали меч, ніж рахували гроші...

Усередині було темно та вогко. Караван-сарай був не те що з найдешевших — він радше скидався на нічліжку для безхатьків. Мурзі

подумалося: якби він був поважним імамом, якого запросив сам хан, то навряд чи обрав би це гниле місце для відпочинку. А може, він помилився і його заманюють у пастку звичайні грабіжники? Однак відступати було вже нікуди — маленькі блискучі очі провідника, схожі на металеві голки, постійно чатували за ним. Єдине, що заспокоювало — із собою в Давлет-бея майже нічого не було, окрім одежі. Тож головне — вибратися звідси живим та неушкодженим…

Вони піднялися на другий поверх темними сходами. Мимоволі підкоряючись різким жестам мовчазного провідника, Давлет-бей переступив поріг невеликого приміщення, одна частина якого була відгороджена завісою. Просто на підлозі сидів чоловік в одязі жебрака. Масляна лампа кидала жовте сяйво на струнку фігуру незнайомця, на його обличчя, від чого той скидався на примару.

У Давлет-бея впало серце — без сумніву, перед ним людина, що належала до тасавуфів — таємного суфійського клану могутніх магів. Вони були байдужі до грошей та влади. Про їхню магічну силу та мудрість ходили легенди.

— Чи дотримався вельми поважний мурза настанови свого хана не брати охоронців, їдучи сюди? — пролунав глухий, наче з могили, голос.

Давлет-бей лише кивнув головою.

— Навіть таємні спостерігачі можуть завадити зробити справу, яку замислив славетний хан, — знову прогудів якимось дивним відлунням голос незнайомця.

— Я зробив точнісінько так, як наказав мені повелитель, — відповів Давлет-бей. — І я цілком готовий в усьому сприяти тій таємній справі, у яку мав честь бути посвячений.

Блискучі, немов у вурдалака, очі тасавуфа вп'ялися в мурзу.

— Так, я сподіваюсь, ти зможеш добре послужити своєму ханові, — мовив дивний жебрак, — але май на увазі, що я знатиму кожну твою думку та кожен намір. Обдурити мене не вийде. Тож роби тільки те, що накажуть.

Мурза покірно опустив голову.

— Я готовий цієї ж миті виконати всі накази, якщо в цьому воля мого повелителя хана!

— Одведи мою людину до того місця, де хан ховає булаву. Облаштуй для неї помешкання десь поряд. Охорону не став. Зроби все так, щоб ніхто, навіть твої слуги, не знали, що ти робиш. Треба бути обережним, як ніколи, оскільки ворог уже заслав у це славетне місто своїх вивідачів.

Мурза продовжував стояти зі схиленою головою. У нього від серця відлягло. Це завдання — справді непогана можливість добре вислужитися перед ханом. Щось більше дізнатися про дивну булаву від кмітливого тасавуфа годі було й намагатися, але в хитрого татарського вельможі існувало багато можливостей здобути потрібні відомості...

— Моя людина чекатиме біля мечеті за дві години, коли над міською брамою зійде сонце, — тим часом продовжував говорити тає-

мничий незнайомець. — У тебе достатньо часу дати всі необхідні розпорядження.

— Так, пане, — мовив Давлет-бей. — Чи будуть ще якісь накази стосовно цієї справи?

Співрозмовник махнув рукою на знак того, що аудієнція добігла кінця.

Давлет-бей повернувся до дверей, але знову почув тихий голос тасавуфа:

— Є тільки порада...

— Слухаю, господарю.

— Я бачу твоє серце, мов відкритий сувій у яскравому світлі. Якщо будеш пхати свого носа, куди не слід, обіцяю, що пошкодуєш.

Коли важкі двері зачинилися, завіса ожила й ніби сама собою розсунулася. Перед тасавуфом з'явилася жінка в розкішному східному вбранні. Вона опустилася перед мудрецем на коліна, та поцілувала поли його старого одягу.

— Я готова виконати будь-яке твоє бажання, мій господарю...

Тасавуф перевів погляд із дверей на голову своєї наложниці. Його очі потеплішали.

— Але ти боїшся, — мовив він. — Хіба не для того я тебе вчив усього, щоб ти нічого не боялася?

— Не ворогів боюсь я, господарю, — відповіла жінка,— і життя віддати в битві немає в мене страху. Тільки якесь дивне передчуття у грудях моїх народилося.

— Повідай мені про нього, — у голосі вчителя було стільки терпіння й ніжності, що здавалося, начебто розмовляє батько з дочкою.

— Моє життя ось-ось розколеться надвоє, і серце розіб'ється від невимовної туги та болю. Однак нехай володар мій не гнівається на свою рабиню, що обтяжую його високий розум. Усе належне мені виконаю навіть ціною власної душі. Але господар сам наказав ділитися з ним кожним рухом серця. Я лише виконую наказ.

Широка мозолиста долоня накрила голову жінки.

— Ти все правильно зробила, — сказав він лагідно. — Я бачу: душа твоя страждає, і не існує нічого у світі, що могло б вгамувати те страждання. Але ти маєш пам'ятати — саме завдяки йому ти зараз є славетним воїном Аллаха, нехай благословиться його ймення!

Хоча долоня вчителя навіть не торкнулася її голови, жінка після сказаних слів ще нижче опустилася додолу, наче на її плечі хтось звалив важку ношу.

Розділ дев'ятий

Чи писав хто в товстих, пожовклих від часу сувоях, як людина перетворюється на вовка? Що вона при цьому відчуває? Чи знає хтось із тих книжкових хробаків, як почувається людська сутність у звірячому образі? Єдині, хто знає, як воно насправді — бути звіром, залишаючись при цьому людиною, — це характерники. Такі, як він — Іван Рудий.

Про них у народі розповідають багато дурниць, а вороги бояться навіть уявити зустріч із характерником. Його важко або й узагалі неможливо вбити, у військовому мистецтві йому немає рівних, він бачить душу ворога, тому передбачає дії супротивника на декілька кроків наперед. Хто може сьогодні бути гідним суперником у битві з козаком-відуном? Якщо такі існують, Рудий про них досі не чув.

Так, характерників небагато, губиться поступово їхня сила в споконвічній млі минулого, але поки вони існують, буде стояти Січ…

Такі думки приходили до Івана не від пихи через свої здібності. Цієї ночі він мав пробратися в укріплене татарське місто, викрасти магічну булаву, про яку казав йому Сірко, й повернутися з нею живим та неушкодженим. І він зробить це не заради самої булави чи перемог козацької слави. Адже козак і без потойбічних чарів здатен

постояти за себе. А тому, що він, Іван Рудий, має зобов'язання перед старим Соболем щодо його молодшого сина Петра. Цю клятву очі вмирущого однорукого козака вирвали з душі характерника на тій лісовій дорозі посеред шматків розірваного татарського тіла. Може, то був єдиний у людській історії випадок, коли людина та звір так добре порозумілися, не вимовивши навіть слова...

Тож Рудий має повернутися живим та навчити малого всьому, що має знати якщо не характерник, то добрий козак.

Навколо панувала глибока ніч, багаття давно перетворилося в купу попелу. Небо, прикрашене намистом Чумацького Шляху, було прозорим, наче вода в лісовому ставі, і здавалося таким близьким, немов ніжне шовкове простирадло, що лежить просто на очах.

Поки вітер пустував у буйному степовому різнотрав'ї, Іван Рудий заснув.

Він народився та виріс у вільному козачому поселенні в родині полкового писаря на Полтавщині. Був виставним парубком, любив працювати, майже з дитинства добре володів шаблюкою. Цьому хитрому мистецтву навчив Івана його дядько. Той раз або два на рік приїздив із Січі. Бувало, збере біля льоху дітвору з усієї околиці та й почне розказувати всілякі чудернацькі історії про те, як він з бусурманами боровся, до самого Царгорода доходив, як ляхів бив, як його Хмель пластувати під Пшемислем посилав, то він тоді у вовка перетворювався та жаху на ворогів наганяв.

Чи то була правда, чи вигадка, ніхто не знав, але після того, як мати Рудого приходила розганяти малих слухачів мітлою по хатах, Іван довго лежав у ліжку та розмірковував: як це, коли людина стає вовком?

По селу ходили чутки, що стара Явдоха, яка збирає цілющі трави, теж уміє на чорну кішку перетворюватися та добрим людям дорогу переходити. Але ж то бабка якась, а тут козак…

З Яриною Іван познайомився, коли старші хлопці вперше взяли його на Коляду до сусіднього села. Йому тоді ледве виповнилося тринадцять, і то був перший раз, коли батьки відпустили так далеко.

Минуло стільки літ, та Рудий пам'ятав ту першу мить зустрічі. Маленьке худеньке дівча в чепурному вбранні вибігло назустріч гостям, привітно усміхнулося й привіталося веселим голосом-дзвіночком. Їй було, мабуть, років десять.

Перше, що зробив тоді Іван, — сховався за спину старшого товариша; але відкритий, сповнений радості погляд дівчини швидко позбавив хлопця нападу сором'язливості. Їхнє знайомство почалося з того, що він виступив вперед привітатися, послизнувся та впав обличчям у сніг прямо під ноги Ярині. Напевне, такого реготу те село ще не чуло.

Декілька разів Ярина приїздила з матусею до села, де жив Іван. Рудий нерідко тікав з дому та біг десять верст, щоб побачитися з дівчиною, за що, звісно, отримував на горіхи.

З часом він став показним парубком, але його заможні батьки дуже обережно ставилися до Ярини, оскільки вона жила лише з матір'ю й не мала доброго приданого.

— Скільки дівчат навколо, а ти вибрав найбіднішу... — роздратовано говорив батько, коли мова заходила про одруження.

— У мене руки є, розумом Бог не обділив. Сам на все зароблю, — відповідав Іван. На тому розмова закінчувалася.

Все змінилося, коли селом стали ширитися чутки про польську кінноту неподалік. Казали, що ляхи спалили Батурин, а повертаючись, розорювали всі села на своєму шляху.

— Дякувати Богові, ми не станемо на дорозі цих пройдисвітів, — хрестилася на ікону мати.

— Але вони можуть спокуситися на село, де живе Ярина,— мовив Іван та зірвався з місця.

— Синку, не йди туди, Христом Богом прошу, — спробувала зупинити сина стара жінка, але той її не чув.

— Коня в таку заметіль не займай! — то був голос батька.

Почувши, як у сінях гримнули двері, мати повернулася до ікони й стала молитися. Батько мовчки сидів на лавці за столом, роз-дивлявся розмальовану морозом шибку й крутив свої довгі вуса...

Дихання сперло від довгого бігу. Іван зупинився. Навколо — зимовий ліс. Тихо. Чути, як рипить кожна сніжинка під ногами. Невже він заблукав? Ні, того не могло бути — хлопець зміг би знайти дорогу

до старенької хатинки Ярини край хутора навіть із закритими очима. А тут лише дорогу снігом замело.

Рудий озирнувся. Навколо на сліпучо-білому тлі чорніли дерева, прикрашені, мов мерці в трунах, стрічками снігових наметів. Вони нагадували тріщини в потойбічний світ. Раптом стало моторошно, але Іван уже зорієнтувався. Якщо дістатися тієї галявини — за нею кінець лісу. Потім — невеликий став, а за ним — село. Хату Ярини на високому пагорбі можна побачити навіть з цього берега. Влітку саме тут вони зустрічалися вечорами та разом рахували зорі на прозорому небі.

Іван побачив дівчину відразу. Вона стояла на кризі просто посеред ставу в одній сорочці з розпущеним волоссям. Ярина дивилася на нього й щось говорила. Він не чув, що саме, але бачив, як ворушаться її сині губи.

— Ярино! — гукнув Іван, скотився зі схилу й побіг по запорошеній кризі. Вона почала тріщати й ламатися під його ногами, чорна та в'язка, наче смола, вода виповзала з тріщин, поглинаючи ноги Івана й тягнучи його донизу, під кригу.

Залишилося подолати якихось п'ять-шість кроків, коли Ярина з гучним зойком провалилася в темну каламутну безодню. Лише голова над водою, мокре волосся й великі очі...

Іван упав на живіт, схопивши крижану долоню дівчини.

— Зараз я тебе витягну!

— Дарма ти побіг мене рятувати, любий Іване, — голос Ярини був спокійний, — смерть свою знайдеш тут...

Іван раптом зрозумів, що саме цю фразу вона повторювала з того моменту, як він вибіг з лісу. Він просто не чув.

Ярина з головою поринула у воду й потягнула за собою Івана. Він упирався з усієї сили, хапався за уламки криги, але кожної миті холод відвойовував його тіло...

Рудий підскочив, наче хтось ударив його батогом. Степ, небо, вітер і холод. На сході займалося.

Ярина рідко приходила до нього у снах. Коли він тоді прибіг до спаленої хати, то знайшов лише тіло її старенької матері. Одні сусіди говорили, що ляхи втопили дівчину в озері, інші — що забрали із собою. З того дня минуло понад десяток років. Рудий намагався не згадувати свою Ярину, але іноді вона сама нагадувала про себе.

— Таке насниться... — мовив козак і труснув головою, щоб остаточно прокинутися.

Розділ десятий

Я завжди вважав турецького султана, нехай благословить його Аллах довгими роками життя, своїм найкращим другом, щоб там не базікали злі язики. Але мені видається дивним, що він надіслав замість навченого досвідом мудрого імама якогось жебрака з наложницею на додачу, — зчепивши за спиною руки, Іслям Герай ходив навколо тасавуфа, пильно роздивляючись його.

— Запевняю тебе, султан турецький прислав найкращих з тих, хто може впоратися із завданням, яке Аллах поставив перед тобою, — мудрець схилив голову — не так з поваги до хана, як для того, щоб приховати своє презирство.

Якби не перспектива заволодіти давньою силою місцевих чаклунів, ніхто, навіть сам султан, не змусив би його перетнути Понт, щоб стояти зараз перед цим татарином та вислуховувати його нечемні балачки. Дипломатичний етикет ніколи не був чеснотою тасавуфа. Залишалося тільки сподіватися, що булава справжня.

— Якщо все, що ханські мудреці кажуть про цю річ, — правда, заволодій тією силою та простеж, щоб мій сусід — хан татарський не долучився до неї. Якщо без нашої допомоги він не здатен отримати її,

значить, не вартий власної долі — таке було завдання від султана, Аллах завжди з ним.

Іслям Герай відвернувся.

— Може, і так, а може, і ні. У цих стінах мені важко комусь довіряти. Палац кишить чужими вухами та очима. Багато хто вдень і вночі марить скинути мене.

— Жодні вуха та очі, про які ти кажеш, хане, не загрожують більше від тих, які бажають заволодіти силою булави замість тебе, — тихо мовив тасавуф.

Хан розвернувся й зиркнув на мудреця недобрим поглядом з-під розкішної чалми.

— Про що ти кажеш?

— З того, що відомо мені, хане, булаву ту зробили давні волхви, що жили в північних землях багато століть тому. Вони володіли таємними знаннями, про які невірні зараз майже забули. Та булава — не що інше, як ключ до великої сили…

Очі Іслям Герая запалали, наче два факели. Він підійшов упритул до мудреця. Останній відчув, як володар Кримського ханства ледве стримує себе, щоб не схопити його за барки, аби витрусити все, що йому відомо. Але хан так не зробить, тому що боїться султана.

— Що далі? — Іслям Герай утупив погляд у співрозмовника.

З першої ж хвилини хан зрозумів те, що йому не сказали його радники: тепер він якоюсь мірою залежить від цього хитрого чи то мага, чи султанського засланця. І це на додачу до нескінченних па-

лацових інтриг та заколотів. Може, простіше закинути ту булаву в скарбницю до кращих часів? Така думка приходила до хана неодноразово. Та він був не тією людиною, яка відступала перед сильним супротивником. Нехай який розумний цей мудрець, навіть якщо наділив його Аллах якоюсь силою, але й він, Іслям Герай, теж на щось здатен.

— Що треба зробити, щоб отримати ту силу, наймудріший з мудрих? — у запитанні хана ніхто зі смертних, крім того, кому воно було адресоване, не помітив би добре прихованого сарказму.

— Щоб заволодіти силою, нам потрібна людина, яка вже володіє нею, — відповів тасавуф.

Хан скептично скривив губи:

— Де ж нам такого взяти? Чи ти теж віриш тим байкам про воїнів-надлюдей із порогів Борисфену?

— Моя віра не має значення, — відказав мудрець. — Мій господар султан послав мене, щоб виконати завдання. З ласки Аллаха, нехай буде славним його ім'я у віках, та з твоєї, хане, зроблю все можливе й неможливе.

— Сподіваюся, що буде саме так, як ти сказав.

Низько поклонившись, турок покинув яскраво освітлену ранковим сонцем залу. Іслям Герай дивився йому вслід, доки той не зник за важкими дверима.

— Якщо він насправді чарівник, як про нього мені кажуть, то повинен був відчути твою присутність, — промовив він, не відводячи очей від дверей, ніби чекав, що гість повернеться.

На протилежному кінці великої зали ледве чутно відійшла вбік стіна, за якою, випрямившись на весь свій невеликий зріст, стояв блідий Давлет-бей. Він з усіх сил намагався підтягнути живіт, щоб поміститися в тісній схованці.

Побачивши нарешті перед собою більше простору, мурза витягнув праву ногу вперед, зробив крок і на повні груди вдихнув свіжого повітря.

— Сподіваюся, мій хане, що цей мерзенний турок нічого не запідозрив...

— Тоді він ніякий не маг, а звичайний шарлатан! — голосно сказав Іслям Герай. — У палаці візира, де він поселився, повно таємних кімнат. Стеж за кожним його кроком і знайди привід схопити цього виродка за шпигунство. Тоді він стане козирем у перемовинах із султаном. Кажуть, правитель османів дорожить цим жебраком.

— Нехай мій господар не гнівається на свого слугу, — почав говорити мурза, насилу вичавлюючи із себе кожне слово, — але чи не краще було б доручити цю справу комусь, хто має до цього хист?

Хан наблизився до Давлет-бея впритул й подивився мурзі прямо у вічі. Той зіщулився, втягнув голову в плечі, опустив голову, наче злодій, якого піймали на гарячому.

— Мені нема кому доручити цю справу, — мовив Іслям Герай, не відводячи колючого погляду від свого підданого. — Надто багато людей у цьому місті бажають моєї смерті. Звичайно, рано чи пізно я виведу всіх заколотників на чисту воду, але ця справа не може чекати. Тому тобі доведеться трохи попрацювати. Звичайно, якщо ти не хочеш лишитися без рук за підробку записів про твої борги у візирових дефтерах.

Мурза аж присів.

— Невже ти гадав, що я не довідаюся про це?

У покоях ханського візира було пусто й тихо. Саме тут, у його особистій скарбниці, зберігалася та магічна булава, силою якої прагнули заволодіти могутні цього світу. Одначе на них можна не зважати. Крім одного, найнебезпечнішого.

Цього поки невидимого ворога тасавуф побоювався найбільше. Ані татарський хан, ані вся його армія не була зараз такою загрозою для турецьких інтересів, як отой один, що наближався. Водночас просто вбити нахабу не можна, бо саме він — єдина можливість отримати могутність, що її заклали давні чарівники в булаву. Це було справжнє випробування для тасавуфа.

Він, безперечно, вдячний султану, нехай Аллах продовжить його дні, що справа доручена саме йому. Адже це чи не єдина можливість застосувати всі надлюдські можливості, яких мудрець набув

протягом останніх десятиліть через таємні практики далеко від світу людей.

Що ж, настає мить, коли потрібно подивитися в обличчя своєму ворогові.

Тасавуф піднявся скрипучими крутими сходами на третій поверх і вийшов на широку терасу. Старе місто, занурене в сон, переживало середину ночі в дрімоті та мареннях. Мудрець чекав на зустріч.

Спочатку була тиша. Її порушували лише деінде собачий гавкіт та вигуки сторожі на міських стінах. Навіть вітер спав. Його розбудив помах широких крил. За мить на парапеті з'явився величезний сокіл. Він велично склав крила та заходився старанно вичищати пір'я під ними.

— От і добре, що ти прилетів, — тихо мовив тасаввуф, уважно роздивляючись свого гостя. — Ось тобі трохи свіжини, але за це покажи мені, де зараз мій ворог.

Чоловік терпляче чекав, поки його крилатий друг закінчить із частуванням.

— Час до справи.

Тасавуф поклав долоню на голову сокола, заплющив очі й, піднявши обличчя до неба, почав бурмотіти чи то молитву, чи то заклинання.

— Лети! — ледве чутно, але владно наказав він, не розмикаючи повік. Зараз йому не було потреби це робити, оскільки він бачив

очима свого вірного сокола, який тієї ж миті зник у нічній безодні. Мудрець опустився на коліна та завмер, схилившись до прохолодного мармуру.

Резиденція візира, розкішний дім мурзи Давлет-бея поряд та поодинокі вогні сонного східного міста відразу провалилися кудись глибоко в пітьму, залишивши після себе слабку світлову смугу.

Великий круглий місяць несподівано визирнув через дірку в темно-сивому хмарному покривалі, що затуляло собою зоряне світло. За хвилину пильними очима сокола тасавуф бачив усе так ясно, наче навколо буяв веселий сонячний ранок.

Сокіл зробив велике коло навколо міста й попрямував на північний захід. Саме туди, як добре відчувалося, тягнулися невидимі чарівні струни, що поєднували булаву з тим, хто здатен з нею впоратися.

Дикий степ здавався безлюдним аж до самих порогів великої ріки, до перших козацьких секретів. Мудрець почав нервувати: або ворог ішов якимись обхідними шляхами (від вправних пластунів можна очікувати чого завгодно), або він його пропустив.

Нарешті тасавуф наказав соколу розвертатися, щоб іще раз перевірити місцевість неподалік від міста. За Перекопом мудрець побачив вогні чотирьох багать у формі невеликого правильного чотирикутника. Сокіл слухняно опустився ближче до землі, щоб людина його очима могла краще роздивитися, що там відбувається. Але серед уже майже згаслих багать нікого й нічого, крім вільного сте-

пового вітру, не було. Це значило, що пластун за допомогою магії зумів залишитися непоміченим навіть для соколиних очей та встиг провести обряд перетворення в якусь тварину — рись або вовка.

Мудрець розплющив очі. Кінчики його тонких вуст підтяглися догори, утворивши на впалих щоках сітку глибоких зморщок. То була хижа посмішка вправного ляльковика, який збирався вразити своїх глядачів новою виставою. Тасавуф підвівся й поправив жебрацьку чалму на голові. Пастка була готова. Залишилося розбудити наживку.

Маріам. Так він її назвав, тільки-но заплатив за неї гроші якомусь підозрілому торговцю в Анкарі. Мудрець довго перед цим ходив ринком в образі шляхетного мурзи, роздивляючись нових рабів, що їх привезли купці з півночі. Переважно то були юні дівчата та вродливі молоді жінки, за яких просили занадто великі гроші. Так завжди буває в перший день, коли завозять новий товар. Тому потенційні покупці дуже прискіпливо придивлялися до товару, довго й голосно сперечалися за ціну, розмахували руками, тикали один в одного пухкими, закутими у важкі обручки пальцями, нервово смикали себе за бороди.

Цю дівчину тасавуф побачив, уже виходячи з ринку. Сивий і худий чоловік у бідному вбранні майже кинувся йому в ноги, пропонуючи купити дуже гарну рабиню за підозріло низьку ціну. За такі гроші можна лишень якусь стару придбати, щоб дім прибирала та

їсти варила. Вирішивши, що продавець бреше, мудрець навіть не звернув на нього уваги. Але той не відступав, і тасавуф сказав:

—Якщо твій товар не буде таким, як ти його розписуєш, клянусь Аллахом, я тебе відшмагаю канчуком прямо посеред цього торжища.

Дивного продавця не збентежила погроза. Він уклонився ще нижче й мовчки запросив гостя до пошарпаного намету.

—Остання залишилася, — шанобливо мовив він, — найкраща, мій пане, якраз для тебе. Ти тільки вияви ласку, глянь на неї.

Мудрець підняв покривало й побачив дівчину років сімнадцяти чи, може, трохи молодшу. На ній тоді майже нічого не було, тільки роздерта сорочка. Розкішне чорне, як смола, волосся прикривало тіло аж до пояса. З-під брів палали ненавистю та рішучістю два розпечені вуглики, руки тремтіли, прив'язані до жердини товстою мотузкою, від якої шкіра на зап'ястях була здерта до крові.

—Чому вона прикута? — спитав тасавуф, уважно розглядаючи полонену.

—Має дуже крутий норов, — відповів купець трохи досадливо, — кидалася постійно на покупців. Тому ніхто досі не купив. Намучився я з нею. Через те віддаю майже за безцінь. Тільки подивися на її волосся й тіло. Це справжнє джерело насолоди! Я цілком упевнений, що такий поважний господар, як ти, знайде спосіб приборкати її дикість.

Мудрець підійшов майже впритул до рабині. Його насправді не цікавили ті принади, про які йому казав торговець. Він бачив очі. То була розкрита брама до душі з далеких берегів Борисфену. То була глина, з якої можна зліпити будь-яку посудину на власний розсуд.

— Якщо скинеш трохи за подерті руки, заберу твій лежаний товар, — мовив тасавуф.

Так у житті вже немолодого імама з'явилася наложниця.

Чарівник міг пригадати багато чого з їхнього спільного життя за останні майже десять років: як він приборкував її злість та впертість, як завойовував довіру, а потім і любов, як учив її таємних знань тасавуфів.

І ось зараз настав той час, заради якого витрачено стільки часу й терпіння.

Раптом мудрець відчув чиюсь присутність. Хтось невидимий дивився йому прямо в спину зовсім поряд. Чарівник озирнувся. Відкрита тераса, хоча й була простора, але найти на ній місце для схованки неможливо. Залишалися покої. Невже за ним стежили? Хто б не був той нахаба, він заплатить за це життям, а псам Ісляма Герая доведеться довго шукати тіло свого шпигуна.

Покої, що виділив для нього ханський візир, були великими й розкішно умебльованими, але тасавуф мав десятиліттями напрацьоване чуття в боротьбі з інтриганами при султанському дивані, тому відразу ж помітив декілька можливих схованок, звідки за ним могли б вести спостереження, а в разі потреби прослизнути всередину з

краплею смерті на кінчику леза. Одне з таких місць було нав-проти виходу на терасу. Там, напевно, існувало невелике приміщення для одного спостерігача, відокремлене фальшивою стіною. Коли тасавуф учора вперше зайшов до покою, за нею нікого не було, але зараз… Чарівник не хотів сам викривати ту схованку, краще нехай це зробить той, хто в ній. Для цього потрібно лише трохи зосередитися.

У тілі, що корчилося від задухи на холодній мармуровій підлозі, турок відразу впізнав мурзу Давлет-бея. Цей незграбний нахаба заплатить за те, що пхає свою смердючу татарську пику не у свої справи. Позбавлений завдяки тасавуфовій магії можливості дихати, він полишить цей світ у страшних муках. Але в останню мить османський маг передумав. Він присів поряд:

— Я ж тебе попередив, що провчу за надмірну цікавість до цієї справи. Про що ти вже встиг розповісти хану та візиру, га?

Давлет-бей, тримаючись обома руками за горло, дивився на свого мучителя, затято мотаючи головою, бо говорити не міг. Тепер цього дурня сміливо можна використати у власних інтересах.

— Слухай уважно, — голос турка ледве доходив до затьмареної свідомості мурзи. — Булаву, як ти знаєш, візир тримає у власній скарбниці. Принеси усі ключі мені. Якщо знову спробуєш мене надурити, очі твої виклює сокіл, якого ти тільки-но бачив.

Розділ одинадцятий

Мурзі не знадобилося багато часу, щоб виконати завдання османського чарівника. Був би це хтось інший, Давлет-бею завадив би страх перед ханом. Але турка він боявся більше, і страх той не міг сам собі пояснити. Ймовірно, справа в чарах триклятого мага.

Мурза тільки глибоко дихав, ніби вбирав у себе останнє повітря, що лишила йому доля. А ще постійно озирався, бо мав стійке відчуття, що клятий турок читає кожну його думку, розуміє кожен найпотаємніший намір. Якби мурзу зловили, відрубали руку та посадили привселюдно на палю, він уважав би це визволенням від тої чужої волі, під владу якої потрапив із власної ж дурості.

Украдені ключі зрадливо дзенькотіли від кожного кроку. Цей звук видавався особливо гучним серед мертвої тиші, що розтікалася коридорами візирового маєтку. Нарешті, коли до покоїв турецького мага лишалося менше ніж десять кроків, мурза відчув позаду себе чиєсь дихання і страшенний сморід. Несподіваний удар його на підлогу. Якусь мить він лежав на спині, як той жук, жадібно хапаючи ротом темряву. Тим часом з неї з'явилися очі — дві великі червоні цятки,

схожі на рубіни. Потім із пітьми виринула величезнаікласта морда, з пащі якої на груди мурзи спадав смердючий слиз. Давлет-бей хотів закричати, але несподівано жахіття зникло, розчинившись у чорноті. Десь далеко-далеко, як здалося мурзі, миготіло світло масляного світильника біля покою турка.

Тільки наблизившись до дверей, Давлет-бей помітив, що у внутрішній кишені його геть роздертого халата вже немає вкрадених ключів.

Ярині завжди було безпечно й затишно зі своїм чоловіком. У тій країні, куди закинула доля молоду незайману дівчину, це багато важило. Її новий хазяїн був славетним воїном та мудрецем. Він жодного разу не залицявся до неї, хоча інших жінок у його домі не було. Але одного вечора тасавуф повернувся злим із султанського дивану й накинувся на Ярину.

— Чому твоє обличчя завжди таке, наче ти тяжко працюєш на галерах?! — гарикнув він, ледве побачивши дівчину. — Чи єдиний обов'язок — помити мені ноги — занадто тяжка робота для тебе?

Ярина нічого не відповіла. Взявши мідний таз із водою, вона мовчки заходилася мити ноги своєму хазяїну.

— Я добре розумію, що ти втратила свободу та, мабуть, ще багато чого, що в минулому житті мало для тебе сенс, — його голос пом'якшав, — але зараз ти жива та здорова, живеш у поки що чужій для тебе, але великій державі, яка може стати твоєю батьківщиною.

Ярина мовчала.

Мудрець узяв її за підборіддя:

— Не потрібно мені служити так, наче в тебе кинджал у спині, — мовив він. — Якщо ти вважаєш свою долю надто важкою в моєму домі, іди геть!

Встав і пішов мокрими босими ногами по мармуровій підлозі. Вона тільки подивилася йому вслід. Може, і справді вбити його та втекти? Але спочатку треба завоювати довіру...

Того далекого вечора, понад десять років тому, Ярина увійшла до кімнати мудреця лише в шовковій накидці. З тієї пори в неї траплялася не одна нагода встромити ножа в спину чарівникові, але чомусь вона цього не робила. Кожного разу, коли він обнімав її, цілував і володів нею, вона бачила перед собою обличчя Івана й обіцяла сама собі, що зробить це іншим разом. Не зараз.

Потім Іванів погляд перестав переслідувати її, його очі, риси обличчя з часом майже стерлися з уяви. Нарешті настав день, коли Ярина, намагаючись згадати близьких людей, спробувала воскресити образ Івана, але нічого не вийшло. Тоді вона гірко й довго плакала, молячи прощення в коханого та в Бога. Але коли сльози висохли, здалося, що мінливі тіні минулого відступили, більше не рвучи її душу на шматки. Вона тепер була не Ярина, а Маріам. Її сивий мудрець був завжди поряд з нею, якщо не тілом, то, як він казав, духом. Вона звикла до його тихого спокійного голосу, коли він розповідав неймовірні історії, які начебто з ним траплялися.

Неодноразово тасавуф цілком серйозно говорив про людей, які здатні переселятися з одного тіла в інше. Спочатку вона сприймала те як казки, але одного разу мудрець привів її до своєї книгарні, де показав старі сувої. Тоді вона погано зналася на арабській мові, але зрозуміла, що існує давній обряд, який був відомий не одну тисячу років тому мудрецям з берегів Борисфену. Тасавуф казав, що він збирає опис того обряду по крихтах уже багато років і майже впритул наблизився до його відтворення.

У чужому татарському палаці Маріам почувалася незатишно — занадто багато тут було напівтемних куточків, куди не діставало світло численних світильників. Навіть простирадла з коштовного шовку здавалися неприємними на дотик.

Маріам сиділа на широкій низькій софі посеред відведеної для неї кімнати й прислухалася. Щось мало статися, але все, чого навчав її тасавуф останніми роками, за мить зникло зі свідомості, оголивши давній зачаєний жах перед неминучим.

У палаці панувала тиша. Маріам чула лише власне дихання, яке здавалося їй занадто голосним і важким.

Раптом серед тієї глибокої тиші жінка почула звуки. Тисячею голок вони впилися в неї, викликаючи тремтіння, з яким несила було впоратися. Зовсім близько, у сусідній кімнаті лунав стукіт звіриних кігтів по кам'яній підлозі. Як те чудовисько опинилося відразу так близько? Адже це другий поверх, на всіх вікнах міцні ґрати. Жодного

разу у своєму житті Маріам не зустрічала вовка-перевертня. Що станеться, якщо вона не зможе заволодіти його розумом, як її учив мудрець? Вовкулака миттю випустить її нутрощі на цей коштовний мармур, адже Маріам сидить прямісінько на шляху до жаданої булави…

Важка тканина ширми на дверному отворі раптом ожила. Маріам перестала дихати, намагаючись якомога раніше побачити те, з чим їй доведеться мати справу. Немов у відповідь на її бажання чиїсь кігті миттю зірвали ширму, відкривши за нею пітьму.

Дивно, але чомусь у суміжному залі не горів жоден світильник. Маріам силкувалася побачити чудовисько та молилася, щоб скоріше з'явився тасавуф і захистив її. Тим часом звір нарешті показав свою волохату хижу морду. То був вовк із величезними іклами й червоними очима. Він наблизився до Маріам упритул та рикнув в обличчя. Жінка майже не звернула уваги на сморід з його пащі — вона зустрілася з перевертнем поглядом.

Тасавуф учив, що то буде повінь злої сили, яка намагатиметься захопити її свідомість, але нічого ворожого вона не відчула, радше навпаки. Щось забуте, але до болю рідне заповнило її душу, і вона втратила контроль над ситуацією.

— Іване, це ти? — мовила Ярина розгублено.

Це було неосяжне поле, на якому, наче фігури на дошці, були розкидані скирти сіна. Ярина та Іван стояли поряд та здивовано розглядали один одного.

— Ярино... — мовив Рудий, — тебе наче вбили ляхи...

— Ні, продали за безцінь якомусь поганському купцю. Потім я стала власністю турецького чарівника.

— Невже людина може стати власністю, — замислено відповів Рудий, уважно розглядаючи Ярину, — навіть чарівника?

Ярина знизала плечима.

— Ти ж сам, виходить, чарівник, — відказала вона й відвернулася. — Врятуй мене...

Рудий занурив обличчя в пишне смоляне волосся Ярини. Минуло стільки років, а воно пахло так само травами з луків. Хоча звідкіля в бусурманів луки? Ця думка повернула козака до реальності, тобто до усвідомлення того факту, що все це — лише видіння.

— Що ти тут робиш? — спитав він.

— Я маю забрати твою силу та віддати її своєму володарю, — пролунала відповідь.

— Ти на це зважишся? Адже я твій Іван, твоя любов! Невже ти забула?

— Майже...

— Той чаклун звабив твою душу...

Ілюзія раптом розпалася. Маріам розплющила очі й побачила тасавуфа. Страх, який на мить відпустив її, повернувся знову. Обличчя мудреця посіріло та стало схоже на маску мерця. Очі палали люттю, у широких долонях мерехтіли вогняні кулі, готові нести смерть. Таким свого господаря Маріам ще не бачила. Так, він часто розповідав про свої магічні здібності, але ніколи не демонстрував їх.

Івана, тобто вовка-перевертня, поряд вже не було. Він зник, напевно, разом із булавою, залишивши її напризволяще.

— Ти не зробила того, що я звелів, — голос тасавуфа гримів по всьому маєтку. Хоча, цілком можливо, Маріам це тільки здавалося. Жах захопив її душу, паралізував тіло й ніс тепер у чорну безодню.

Мудрець наблизився, а разом з ним смердючий запах сірки та пекельний жар, від яких перехоплювало дихання.

— Маріам, чому ти не виконала мого наказу?

Вона мовчала, бо не могла навіть дихати. Її легені ось-ось перетворяться на попіл. Раптом пекельна спека зникла. Тасавуф знову став звичайною людиною. Він присів навпроти своєї наложниці та підняв її опущену голову за підборіддя. Їхні очі зустрілися.

— Справа ж не в тому, що він твій земляк, чи не так? — його голос звучав лагідно. — Це чи не єдина випадковість, яку я не зміг передбачити, — запліснявіле почуття, яке слабкі люди називають коханням. Але я на тебе зовсім не гніваюсь. Напевне, твій коханець з минулого поряд і знає, яких страждань я можу тобі завдати, якщо не отримаю бажаного.

З цими словами тасавуф дістав кинджал, згріб мозолистими пальцями тремтячу долоню Маріам та недобре посміхнувся:

— Звісно, це завдасть тобі трохи болю, але твій крик змусить того поганця з'явитися на допомогу. Султан наказав мені не повертатися без булави та її сили.

Вістря увійшло спочатку під один ніготь, потім під інший. Прикусивши до крові губу, Ярина намагалася не кричати. З її вуст виривався лише здавлений стогін. Але її господар не збирався здаватися, з кожним разом заганяючи лезо глибше.

— Відчепися від неї, мерзото! — пролунав глухий Іванів голос. — Відвідай краще козацької люті.

Рудий несподівано з'явився просто перед тасаввуфом за спиною в очманілої від болю Ярини. Мудрець ледве встиг відбити скривавленим кинджалом страшний удар шаблею.

Відлуння дзенькоту клинків розносилося палацом, відбиваючись від кам'яних стін та мармурової підлоги й щораз посилюючись. Здавалося, що тут билося ціле військо. Тіні супротивників металися по великій кімнаті, створюючи дивну гру світла. То смерть завітала цієї ночі на власний бенкет, витанцьовуючи в неймовірній несамовиті свій кривавий танок.

Рудий розумів, що, погоджуючись на таке завдання, на своєму шляху він може зустрітися з ким завгодно, — але не з майстерним та надзвичайно сильним чарівником. Ніде правди діти, Сірко попередив — якщо маєш справу з магією, очікувати слід чого завгодно, але Рудий не надто близько до серця взяв ті слова. Досить зрідка козака-

характерника підводить його самовпевненість, але ще рідше кохання, що сховане далеко в серці.

З бойової магії Іван добре володів захистом, але, як виявилося, проти атак бусурманського чаклуна цього було замало. Рудий майже відразу відчув, що з кожною миттю його полишає сила. Кожен удар неймовірно виснажував. У якийсь момент характерник випустив з рук шаблю, опустився додолу, обливаючись потом та проклинаючи власну слабкість. Мабуть, потрібно було готуватися до смерті, але Рудий розумів, що чарівник не подарує такої легкої долі...

— Уперше бачу славетного воїна, який, маючи велику силу в кишені, падає без сил, — іронічно посміхаючись, мовив тасаввуф. Мудрець уклав шаблю в піхви, присів та зазирнув Рудому в обличчя.

— Дай угадаю. Той, хто тебе послав за булавою, не розкрив її таємниці. Адже з її силою ти міг би мене спопелити на місці одним лише поглядом. Тож твій отаман сам не знає, як нею користуватися.

Рудий мовчав. Його читали, як книгу, але він не мав сили навіть розтулити вуста, не те що протистояти ворожому втручанню у власну душу.

— Правильно казав мій володар султан, нехай Аллах продовжить і благословить його дні: якщо ти не знаєш, як використати силу, то не вартий її. Мій володар із цією булавою зробить те, чого не змогли зробити козаки та татарський хан — заволодіє усім світом.

— Я бачу, ти несповна розуму, — ледве ворушачи язиком, вимовив Рудий. — Твоя магія виїла весь глузд у тебе й твого хазяїна...

— Зараз ти будеш так страждати, що всі розповіді про пекельні муки після смерті здадуться тобі райською насолодою. Дякуй за це твоїй коханці — вона відмовилася забрати твою силу по-доброму.

У долонях тасавуфа з'явилися магічні кулі. Він підвівся й підняв руки над головою козака. Страшний нелюдський біль пронизав усе єство Рудого. Він заричав, потягнувся за шаблею, але, знесилений, повалився на спину.

— Це тільки початок...

Вбивчі кулі зникли з рук чарівника, його маленькі очиці розширилися, він хапнув ротом повітря й упав поряд з Рудим. У його спині стирчав короткий клинок. Світло перегороджувала темна постать Ярини. Аж тут у великій кімнаті стало затісно. З десяток охоронників візира мовчки обступили козака і наложницю. Рудий відчув гостре лезо списа біля шиї й у півголоса вилаявся: якби не клятий чарівник, він би розібрався з ними всіма, але сил ані в тілі, ані в душі більше не лишилося...

Кільце розімкнулося. У вузьке коло поважним кроком ступив Іслям Герай. Він уважно роздивився мертвого тасавуфа, огледів Маріам , зиркнув на Рудого. Запала тиша.

— Що ж... — нарешті мовив він. — Аллах милостивий — він не дав моїм ворогам вчергове спаплюжити мою честь. Гадаю, що султан турецький помилявся, коли казав, що я не гідний тієї сили, яка міститься в тій булаві, бо я таки знайду, як нею скористатися.

ЧАСТИНА ДРУГА

Соболь

Розділ дванадцятий

Найбільше в цьому випробуванні Петру дошкуляла необхідність пити перед вправами медовуху. Це ускладнювало й без того непросте завдання — довести всьому січовому товариству, що він гідний бути його частиною. Те, що робилося з напруженням на тверезу голову, після того бісового пійла ставало геть неможливим. Петро, ледве тримаючись на ногах, підходив до Сірка й питав:

— Навіщо майбутньому козакові стільки горілки хлебтати? Невже без цього ніяк?

Отаман зазвичай довго не відповідав, димів трубкою й уважно розглядав юнака.

— Може, ви, отамане, нарешті зміните цю дурну традицію?

— Не тобі, юначе, судити про те, які звичаї на Січі дурні, а які — ні, — нарешті відповідав Сірко, накручуючи кінчик вуса на вказівний палець. — Чому перед випробуванням потрібно пити медовуху, зрозумієш пізніше. Звичайно, якщо його подужаєш. А ні, то шукай собі іншої долі.

Під доброзичливий регіт спільноти Петро чимчикував до куреня спати.

Тижні за тренуваннями на Січі минали швидко. Петро завзято вимахував шаблею, виконував вправи та ще завзятіше пив вечорами добру медовуху. Іноді уява малювала перед юнаком страшні картини смерті Рудого, який давно мав би повернутися, але юнак намагався про це не думати.

Інші козаки не втомлювалися жартувати з нього:

— Дивіться, як молодший Соболь п'є оковиту, напевне, щоб наступного разу пройти випробування...

— У кількості випитого? То ж йому до тебе ще рости й рости...

Петро не зважав на ці жарти. Понад усе хлопець хотів нарешті довести отаманові: він здатен на багато що, аби той почав брати його в пластунські вилазки.

Однак існував інший бік його життя. Коли далеко за північ галаслива Січ нарешті замовкала, хлопець залишався сам на сам з привидами. Варто було лишень закрити очі, як з'являлася мати у своїй яскравій хустці. Вона похмуро дивилася на нього, як це завжди робила, коли заходила мова про Січ. Приходив батько. Він обривав рукав, показував обрубок руки, пильно дивився на Петра й питав:

— Як мені взяти шаблю?

Останніми днями у снах почав приходити старший брат Степан. Він завзято рубався з татарами в самій гущавині бою поряд з Рудим та Сірком, потім зникав, а Петро стояв осторонь і лише спостерігав. Потім, коли битва кінчалася, його просили знайти поранених. Він знаходив Степана. Той, скривавлений, лежав на галявині посеред татарських трупів та стискав шаблю з навпіл переламаним лезом. Петро хотів забрати в нього зброю, але брат не віддавав...

Хлопець прокидався з криком і сльозами, після чого очманіло бродив серед ночі вузькими вуличками поміж довгих куренів.

Петро не рахував, скільки разів він намагався пройти випробування. Того похмурого ранку він узагалі вирішив, що це буде востаннє. Чи не досить виставляти себе посміховиськом перед усім товариством? Навіть зараз, коли він підходив до діжки з горілкою, чув позаду себе колючі козацькі жарти:

— Допивай, Петре! Це все, що залишилося від твоїх нічних походеньок...

Хлопець настільки розлютився, що хотів розвернутися та надавати жартівникові тумаків. Але зустрівся з уважним поглядом Сірка, який, як завжди, сидів окремо у клубах сивого диму й дивився на нього.

«Он він, головний любитель познущатися з довірливих новачків…», — подумав Петро й підхопив діжку з пійлом.

Чи тому, що медовуха вже не так діяла на нього, чи з якоїсь іншої причини, але смугу перешкод Петро пройшов навіть швидше, ніж було потрібно. Хлопець іноді сам собі дивувався, адже здавалося, що його тіло саме знало, як рухатися, а він наче був лише поруч у ролі спостерігача.

Зробивши останній крок, Петро поставив коромисло з двома повними води відрами й спостерігав, як наглядачі прискіпливо роздивляються пісок під жердиною, якою він простував з тими відрами.

Пісок був сухий. Жодна краплина не вилетіла. Отож-бо воно! Петро переможно подивився на раптом стихле козацьке товариство.

— Бачу, ти таки навчився нарешті володіти власним тілом, як і належить доброму козаку, — після всіх урочистостей посвяти мовив Сірко, як завжди задумливо й уважно розглядаючи хлопця, наче шукаючи в ньому щось глибоко заховане.

— Тож наступного разу я з усіма піду в бій? — спитав Петро.

— Підеш, коли доведеш мені просто зараз, що добре володієш шаблею, — відповів отаман.

— З ким цього разу я маю битися? — спитав хлопець.

Учителів у нього було багато, деяких він уже встиг перевершити. Але коли Сірко зав'язав собі очі та взяв шаблю, Петро відчув недобре.

З отаманом він жодного разу не бився. Навряд чи на Січі є той, хто може хоча б щось протиставити його майстерності. Невже Сірко вирішив поглузувати?

Петро атакував, але Сірко безпомилково відбивав усі найхитріші випади, яких хлопець устиг навчитися. Хоч би що там було, цей поєдинок ні до чого не зобов'язував. Найгірше, що може статися — Сірко не візьме його в черговий похід. Але ж так не може тривати вічно.

Усе це промайнуло в Петровій голові, коли він, обливаючись потом, намагався захиститись від атак Сірка. Наступної миті хлопець уже лежав у пилюці, а кінчик отаманової шаблі уперся йому в груди. Козак на мить застиг, потім зірвав із себе пов'язку й уважно подивився на Петра.

— Невже вороги б'ються так само, як ви? — спитав хлопець, піднімаючись.

— Є такі, — коротко відповів Сірко, ховаючи шаблю.

— Навчіть і мене битися із зав'язаними очима.

У відповідь отаман загадково посміхнувся, підібрав металеве кільце та підвісив його на гілку.

— Відвертайся, надягай ганчірку на очі, — мовив отаман, — і бери шаблю. За моєю командою ти маєш розвернутися й насадити кільце на кінчик леза. Воно буде розгойдуватися.

— Але як я знатиму, де кільце зараз? — здивовано спитав Петро.

— У тебе, крім очей, є інші чуття, — мовив Сірко. — Навчися ними користуватися.

З цієї дивної вправи почалася Петрова дорога в характерники, яка стала його шляхом до себе. Ті заняття настільки захопили хлопця, що він не помічав, коли отаман Сірко разом з побратимами йшли на якусь справу, коли вони поверталися. Інколи він навіть не знав, що вони взагалі були відсутні.

Одного разу, повернувшись із кількаденних тренувань далеко за порогами, Петро довго шукав за якоюсь справою свого курінного Грудку. Хлопець не міг зрозуміти, чому всі, кого він питав, де подівся Грудка, дивилися на нього так, ніби бачили перед собою божевільного. Нарешті Соболь підійшов до писаря, похмурого худорлявого дідугана, який, спостерігаючи за тренуваннями козацького братства, завжди невдоволено говорив:

— Стільки сили людської задарма витрачається. На вас, пройдисвітах, треба орати, а ви все шаблюками вимахуєте. Так і помрете без хати, жінки та дітей.

— Жінка та діти — справа нехитра, — сміялися у відповідь молоді козаки. — Вправно з шаблею поратися — он де наука.

Молодший Соболь жодного разу не розмовляв з писарем, оскільки, ніде правди діти, трохи побоювався його, але дуже поважав, як і будь-яку освічену людину.

— Сірко висушив тобі мізки своїм характерництвом, — відірвавши погляд від пергаменту, тихо мовив писар. — Молоде серце при-

ймає будь-яку примару, яка його вабить, не маючи міри, що притаманна досвідченому козакові. Грудка загинув у бою з татарами тиждень тому.

Петро дивився на писаря, очікуючи почути від нього щось важливе, але той уже не звертав на нього уваги. Вмочив кінчик гусячого пера в каламар й заскрипів по товстому паперу, натужно дихаючи, немов перетягував валуни. У якусь мить Петрові закортіло вилити чорнило на писареву лисину, але він стримався й мовчки вийшов з куреня, навіть не грюкнувши дверима. Писар, відклавши перо, подивився йому услід і тільки похитав головою.

Дуже хотілося, щоб пішов дощ. Було душно. Гроза збиралася, та все ніяк не могла розпочатись. Довге сидіння за будь-якої погоди була обов'язковою вправою для тих, хто прагнув заволодіти характерницькою майстерністю. Сірко казав, що марно шукати надзвичайного вміння десь ззовні, бо воно народжується всередині. Потрібно знайти його в собі.

Петро шукав те вміння майже кожного дня, та сьогодні чи то через надміру немилосердне сонце, чи через щось інше вже котру годину не міг зосередитися.

— Той, хто чекає, що все навколо буде догоджати йому, завжди опиняється у скруті.

То був Сірко. Молодший Соболь навіть не помітив, як отаман нечутно наблизився до нього. Це, звісно, остаточно вивело хлопця з рівноваги, але він навіть не ворухнувся.

— Це дурна справа — намагатися пробудити в собі силу воїна, якщо тебе дратує навіть природа.

— Що ж мені залишається робити, крім цих дурнуватих вправ, якщо ви, дядьку Сірку, не дозволяєте ходити з вами в походи, — відповів Петро.

— Пластун, якому виконати завдання заважає спека, не є добрим пластуном.

Сірко неквапливо прив'язав коня до кривого граба й присів поряд із хлопцем.

— Я добре знав твого батька та твого старшого брата Степана. Мені не вдалося втримати їх на цьому світі. Що ж до тебе, то це поки що в моїй волі.

— Що ж то за козак, який не побував у пеклі? — з усмішкою повторив Петро батьків жарт.

— Якщо ти справжній козак, то пекло тобі забезпечене, — відказав Сірко чи то серйозно, чи то жартуючи. — Бери, хлопче, хустку, закривай очі та тримай свою шаблю. Хочу я подивитися, чи не дарма ти стільки часу витратив.

Сірко зав'язав собі очі й рвучко підвівся вже з шаблею в руці. Петро мовчки зробив те саме.

Дзвін бойової сталі рознісся околицями. Козаки безмовними тінями, з надлюдською швидкістю металися пагорбом, майже не торкаючись трави, зі свистом розсікаючи шаблями нагріте полуденне повітря.

Але в той час, як їхні тіла змагалися одне з одним у спритності та вмінні володіти шаблею, душі перебували в іншому світі, наповненому світло-сірим маревом.

— Нарешті в мене є можливість розмовляти з тобою в такий спосіб, щоб нас ніхто не чув.

— Якби ми сиділи на пагорбі й тихесенько розмовляли, нас ніхто б і не почув, — мовив молодший Соболь, розглядаючи отамана.

Обличчя останнього дивно світилося в імлі, що їх оточувала. Такими Петро бачив людей, коли виходив із тіла під час «роздумів». То були його рідні: батько, мати, брат, сусіди. Козак гадав, що вони приходять до нього з потойбіччя.

Але Сірко живий. Кожного разу, коли вони з отаманом отак спілкувалися (під час поєдинку на шаблях або списах), це бентежило хлопця. Але отаман завжди відповідав незрозуміле: «Мертвим до живих немає діла. Часто мертвих бачить той, хто довго дивиться у люстро».

— Ми маємо ворога, що чує й бачить здалеку, — сказав Сірко. — Варто було б здогадатися, що булаву шукатиме ще якийсь поганський чарівник. Але чвари на Січі та польський король задурили мені голову.

— Невже Рудий загинув? — Петро відчув приступ відчаю, та, помітивши, що чарівна завіса навколо почала розсипатися, спробував себе опанувати.

— Іван живий, наскільки я те відчуваю, однак зараз мова не про нього, — відказав отаман. — Можливо, за тиждень я знову пожалкую про скоєне, але я маю для тебе справу.

— Тож я нарешті готовий до діла?

— Не знаю, чи справді готовий, але тут така справа, що навіть я не впораюся. Слухай уважно!

Розділ тринадцятий

Кам'яні стіни фортеці Кизи-Кермень громадою височіли над Борисфеном. Коли сонце з'являлося на сході, похмура сіра річкова заводь зі смердючою водою біля причалу завжди була в тіні.

Дерева навколо вирубали ще під час будівництва перших укріплень, тож тут панувала гнітюча тиша, яку зрідка розривали гортанні окрики татарських вартових.

Все оживало, коли в заводь заходило судно з продовольством. Тоді поміж мурами лунала лайка матросів, було чути плескіт весел, скрип корабельного такелажу та завантажених провіантом возів.

Ібрагім Паша не любив цього місця й вважав наказ султана про його відрядження до Кизи-Керменя проявом немилості. І справа була не в дикій місцині та постійній загрозі нападу войовничих козаків з порогів Борисфену. Найбільше Пашу розлючувала необхідність мати справу буквально в усьому з татарами. Він зненавидів їх ще з дитинства, коли його батько був послом імперії при дворі татарського хана.

Ібрагім на все життя запам'ятав, як ханські діти заганяли його в темні закутки й били щосили. Чомусь саме про це Паша згадав, побачивши перед собою помічника коменданта фортеці. То був мурза з нетиповою для татарина зовнішністю та проникливим поглядом. Можливо, навіть турок. Він шанобливо поклонився Ібрагімові й тихо мовив:

— Мій господар закликає на тебе та на твоїх нащадків щедре благословіння Аллаха й перепрошує, що не може прийняти шановного гостя власною персоною.

— У чому ж причина? — ледве ховаючи роздратування, спитав Ібрагім.

— Його викликав до столиці хан у надзвичайній справі…

— Звільнення нижньої течії Борисфену та Лиману від північних дикунів уже не належить до провідних завдань для підопічних кримського хана?

Мурза вклонився ще нижче. Він розумівся на тому, як поводитися з роздратованими гостями в цих стінах.

Паша подивився на верхівку шикарної чалми мурзи й замовк. Йому кортіло сказати ще багато чого стосовно безвідповідальності та тупості татарської знаті, але відчуття того, що перед ним усе-таки не татарин, трохи заспокоїло військового. Він хотів було спитати звідки той родом і як опинився в такій глухомані, але вирішив, що те не на часі.

— Сподіваюся, ви розумієте, що я приїхав сюди не комарів годувати, — вже спокійно мовив Ібрагім Паша.

Тим часом мурза, не піднімаючи голови, жестом запросив гостя до великої, добре освітленої вітальні. Тут було затишно, але по-військовому скромно, майже аскетично.

Трофейна зброя на голих стінах та декілька перських коштовних килимів на кам'яній підлозі. Вечеря та добре вино вже чекали. Воєначальник раптом відчув надзвичайну втому, хоча подорож і не була надто виснажливою.

Зручно вмостившись на дивані, Ібрагім Паша запросив мурзу зробити те саме, вирішивши для себе, що не доторкнеться до їжі, аж поки не проведе наради. Треба швидше закінчувати зі справами та відпочити — завтра ще один важкий день. Відмовившись від келиха, Паша спитав:

— Чи є якась упевненість, що тут немає зайвих вух? Адже йтиметься про важливі речі.

Мурза відповів:

— Можу запевнити — це найбезпечніше місце у всій нижній течії.

— Які настрої зараз серед тих невірних, що звуть себе Військом Запорізьким?

— Вони мають силу, але не наділені розумом нею скористатися, — відповів мурза, витримавши паузу й уважно розглядаючи свого

гостя. Останньому навіть здалося, що розмовляючи, той думає про своє, але він чомусь не образився.

— Як те розуміти? — перепитав Паша.

— З часу, коли Аллах, нарешті, забрав Богдана Хмельницького з цього світу, серед місцевих ватажків точаться сварки з приводу того, кому повинна належати гетьманська булава.

— Чи виправдають наші шпигуни покладені на них сподівання? — з недовірою спитав Ібрагім. — Нам потрібно, щоб Гетьманщиною керувала лояльна до Порти людина. Це зрозуміло?

Мурза мовчки кивнув.

— Я знаю, що у Війську Запорізькому є багато ватажків, які невдоволені теперішнім станом справ на Гетьманщині. Їхні настрої можна використати в інтересах Порти та султана, нехай Аллах продовжить його дні.

— Робиться все можливе, — коротко відповів мурза й знову схилив голову, не відводячи погляду від співрозмовника, немов на щось очікував.

— Десь два десятки великих суден в Очакові готуються вирушити вгору Борисфеном. За декілька тижнів вони мають бути вже тут. Ти маєш підготуватися до зустрічі цієї флотилії як слід. Насамперед ідеться про безпеку й цілковиту таємність. Це надважливий вантаж — провіант та зброя. З її допомогою ми зможемо здолати опір невдоволених Гетьманщиною січовиків. Здобудемо для цього недомірка гетьманську булаву, а владу його приберемо до своїх рук. Тоді

ані польський король, ані цар московський не матимуть завзяття протистояти султанові, нехай Аллах додасть йому днів життя…

— Чи не буде мій пан гніватися, якщо висловлю свої міркування стосовно планів султана? — спитав мурза.

— Кажи! — нарешті Ібрагім Паша трохи розслабився й дозволив собі подивитися на їжу в золотому посуді.

— Звісно, буде вжито всіх заходів для того, щоб провіант і зброя дійшли до місця призначення, — мовив тихо мурза. Якби його співрозмовник був уважнішим, то почув би в тоні хазяїна фортеці іронічні нотки. Але Паша настільки надихнувся тільки-но розкритим планом дій, що не помітив нічого.

— Однак є проблема, яку не врахували ті, хто планує перевезення настільки цінного для всіх нас вантажу, — продовжив мурза. Ібрагім припинив жувати.

— Що ще за проблема?— спитав він.

— Лиман має невелику глибину, тому важкі вантажні та військові кораблі мають ризик сісти на мілину.

— Але ж завантаження майже завершене, — розгублено сказав Паша. Шмат м'яса, який він проковтнув, став йому поперек горла.

— Щоб не зруйнувати плани султана, раджу відправити терміново гінця з наказом перевантажити все на менший плоскодонний транспорт, який краще пристосований до плавання по таких річках, як Борисфен.

— Але це призведе до затримки… — спробував протестувати Ібрагім Паша.

— Якщо цього не зробити, важкі кораблі застрягнуть посеред Лиману і їх розграбують козаки, — наполягав мурза, — похвали за такий провал від султана ти не отримаєш…

Ще якийсь час ці двоє сперечалися майже пошепки. Потім мурза безшумно вийшов із вітальні в напівтемний холодний коридор. За мить його струнка постать зникла.

Усе навколо затопила тиша. Паша почав нервувати, оскільки не звик до того, щоб було настільки тихо. У його стамбульському палаці завжди, навіть глибокої ночі, щось відбувалося: хтось ходив, за вікном чулися голоси, зрештою по кутках шурхотіли щури. А тут Паша чув навіть власне дихання: повітря з характерним шумом входило до легенів, потім поспішно виривалося назад. Тріск масляних ламп на голих кам'яних стінах здавався оглушливим.

Паша підвівся й пройшовся кімнатою, але звуки його власних кроків, які багаторазово помножувало всюдисуще відлуння, узагалі почали лякати.

Здавалося, ця чужа земля намагається довести його, чужинця, до сказу, посилаючи легіони злих духів, щоб зломити волю, і ніякі мури не здатні їх зупинити. Чи не варто було б спочатку перемогти тих безтілесних потвор перед тим, як починати воювати проти крові плоті? Ця думка не давала спокою.

Паша зрозумів, що потрібно трохи розважитися. Він викликав служку й наказав привести до нього найкращу наложницю, яку тільки можна знайти в цьому варварському краї. На його подив, вона виявилася не настільки поганою, як він очікував, тому заснув Паша тільки тоді, коли перші промені сонця зазирнули до похмурої вітальні Кизи-Керменю.

Розплющивши очі, Паша не знайшов тієї, яка скрасила його вчорашню самотність, та відразу згадав розмову з нею.

— Чи вірить мій володар у чарівників та злих духів? — спитала вона.

— У цьому дикому краї повіриш у що завгодно, — відповів Паша, насолоджуючись тілом дівчини.

— Цей мурза, якого послав до нас татарський хан, — злий чарівник. У своїх покоях він викликає духа темряви та спілкується з ним.

Паша посміхнувся.

— Звідки ти знаєш?

— Я дуже добре відчуваю чарівників. Аллах наділив мене такою здатністю. До того ж, одного разу я бачила, як він це робив.

— Ти стежила за мурзою?

— То сталося зовсім випадково. У нього була кришталева куля, що світилася. При цьому він читав молитви невідомою мовою, схожою на місцеву говірку.

— Ти досить цікаво розповідаєш, — мовив Паша.

— Я довго думала, для чого Аллах помістив мене в це страшне місце. У чому завинила я перед ним? Але зараз я зрозуміла: щоб попередити про страшну небезпеку. Чи не проявить мій володар ласку та не забере мене звідси?

Паша підвівся, старанно почухавши лису потилицю перед тим, як натягнути чалму:

— Гм... татарський мурза, який розмовляє сарматською. А я дивуюся, чому в нього зовнішність не татарська? Треба за нього взятися.

Розділ чотирнадцятий

Степан зачинив за собою важкі двері й, опинившись у темній кімнаті зі світильником у руці, полегшено видихнув. Те, заради чого все це божевілля затівалось, нарешті сталося — він отримав важливі новини. Часу, щоб ними скористатися, залишилося обмаль.

Комендант фортеці, мабуть, уже прибув до Бахчисарая й зрозумів, що ніякого запрошення до ханської аудієнції просто не існує. Його повернення з підкріпленням — питання одного, може, двох днів.

Наскільки Паша добре опирається навіюванню — невідомо. Він може прокинутися просто серед ночі й заарештувати підозрілого мурзу.

Треба прямо зараз донести вісті про турецьку флотилію до Сірка. Але, звісно, гінця на Січ не пошлеш. Розписувати все на пергаменті для поштового сокола ризиковано — можуть перехопити. Тож доведеться вдатися до найбільш дієвого, проте вкрай небез-печного способу — магічного зв'язку з Орисею.

Якби Сірко описав йому свій план зараз, Степан би назвав отамана божевільним. Майже кожного вечора, усвідомлюючи, що

пройшов день і він залишився живий, Степан знову й знову прокручував у голові ту розмову, запитуючи себе: яка бісова муха його вкусила, що він погодився.

Була зима. У курені джура топив піч. Вони з отаманом сиділи за столом біля невеликого вікна, за яким лютувала заметіль.

— На літнього Миколи ханський візир відправить до Кизи-Керменя свого мурзу з цінними подарунками для коменданта фортеці. Якогось татарина, вже не пам'ятаю його імені...

— У казні Війська Запорізького бракує грошей? — перебив Сірка Степан, перехиливши чарку.

Сірко уважно подивився на Соболя, накрутивши на палець кінчик свого вуса:

— От ти зараз жартуєш, а в мене з голови фортеця та не виходить, — після хвилинного мовчання нарешті мовив він. — Польська корона також готова допомогти...

— Самойлович, наприклад, пропонує скористатися допомогою московського царя...

— І що ти з того приводу думаєш? — спитав Сірко, вдивляючись у співрозмовника ще пильніше.

— Ти ж знаєш, у політиках мені не ходити, — відказав Степан, — але коли всяк раз чуєш від людини, що ми ні на що без війська царського не здатні, то починає нудити...

— То ж треба поратися самим, як уважаєш?

— Правильно ти кажеш, отамане. Взяти Кермень ми зможемо, тільки братів покладемо багацько...

— У кожного велетня є глиняні ноги, — сказав Сірко. — Нам у фортеці потрібна своя людина.

— Скільки пластунів уже не повернулося звідти?

— Нам потрібен не просто пластун, — нетерпляче мовив отаман, — а характерник. Добрий характерник, зі здатністю навіювання.

Степан підняв очі на Сірка.

— Навіть якщо... — мовив він задумливо, але заперечно мотнув головою. — Мурзу, про якого ти кажеш, будуть супроводжувати щонайменше дві сотні яничарів. Ніяке навіювання не спрацює...

Сірко нарешті посміхнувся та переможно підняв чарку:

— А якщо ми полегшимо тобі роботу... до трьох осіб?

Соболь подався вперед:

— Коли вдасться отримати щось корисне, передам через Орисю, — мовив він тихо. — Вона тобі дасть знати через гінця.

Степан досі пам'ятав ту Сіркову посмішку під довгими прокуреними вусами.

— Маю визнати, — сказав отаман, — це чи не єдиний випадок, коли жінка стане в пригоді козацькій справі!

Степан Соболь і раніше використовував свою здатність навіювання, щоправда, тільки під час допитів полонених османів. То сталося вперше, коли потрібно було запевнити ворога, що ти друг.

Сірко стверджував, що в Кизи-Кермені ніхто того мурзу в очі не бачив, навіть комендант. Але чи можна в такій справі щось знати напевне?

Тоді, понад рік тому, він, одягнений у вбрання полоненого турецького вельможі, уперше з'явився біля воріт фортеці в супроводі чотирьох яничарів і розповів коменданту байку про пограбування на узбережжі Лиману. На його щастя, комендант виявився досить недалекою людиною й добре піддавався навіюванню. До того ж його прихильність було легко завойовано скринею з турецькими коштовностями, які «сміливі воїни Аллаха зуміли захистити від варварів». З того часу будь-який посланець від хана мав можливість викрити підміну, але ніхто з них, на щастя, цього так і не зробив.

Паша виявився найважчим. Після першого ж погляду на прибулого турецького генерала Степан відчув загрозу. Але як то завжди водиться, поряд з небезпекою прийшла й удача — він почув вельми важливі вісті. Напевно, Сірко зможе ними скористатися, якщо отримає.

Треба лише відкрити магічний портал до Орисі.

Орися була відьмою, відомою не тільки у своєму селі, а й далеко поза його межами. Вона лікувала важкі хвороби, попереджала завчасно про падіж худоби; подейкували, що вона мала здатність навіть керувати погодою та прискорювати ріст урожаю.

Звісно, до її чепурної хатинки, затопленої у вишневому садочку за селом, ніхто в чергу за чудасіями не ставав, оскільки за це мо-

жна було отримати прокляття від батюшки. Тому найгарячіша по-ра для молодої відьми — ніч.

Вона приймала гостей у старовинній напівзруйнованій каплиці з поганою славою на забутому великому кладовищі за декілька верст від села. Місцеві старожили розповідали, що колись на тому місці було велике село, але всі його мешканці вимерли від невідомої хвороби.

Степан познайомився з Орисею, коли вона була ще не відьмою, а лише маленькою наляканою дівчинкою, яку всі намагалися обходити десятою дорогою.

Її мати славилася тим, що варила чаклунські зілля у власній землянці посеред лісу. Доньку свою стара не випускала з того темного лігва, аж поки дівча якимось чином не вирвалося на волю й не прибігло до села.

Голодне та обірване, воно було схоже на маленьке чортеня, що втекло прямісінько з пекла в пошуках ліпшої долі. Звісно, ніхто не впустив малу до хати, хоча майже всі таємно купували чудодійні відвари в її матері. Адже були впевнені — батько дитини сам сатана, бо у відьми ніколи не було чоловіка...

Тоді, холодного осіннього вечора, Степан уперше побачив Орисю, точніше, почув. Вона сиділа під скиртою сіна неподалік двору в самій лише свитці й задихалася від плачу. Здавалося, що дівчинка не просто голосить, а творить страшне прокляття, щоб покарати людський рід за дурість та байдужість.

Скоріше від страху, ніж через милосердя, Степан приніс ковдру, здоровий кусень хліба, молоко, розпалив у сусідньому яру багаття так, щоб його не було видно з подвір'я, і цілу ніч просидів над сплячою дитиною. Так розпочалася їхня дружба.

Кожного дня тієї холодної зими він піклувався про Орисю, ховаючи її в старому льоху на околиці села. Доводилося прокидатися раніше за матір та батька, діставати приховані напередодні харчі й нишком пробиратися до схованки, де на нього вже чекала заспана Орися. Спочатку вона зустрічала Степана досить вороже, недовірливо спостерігаючи, як той розводить багаття. Її доводилося вмовляти хоча б трохи поїсти.

Іноді, зустрічаючись із колючим поглядом дівчини, Степану здавалося, що кара від нечистої сили — справа певна, адже не годилося тримати дочку самого диявола в льосі. Та одного разу Орися посміхнулася щирою дитячою усмішкою. З того часу він бачив тільки усміхнену Орисю й з нетерпінням чекав на ту зустріч.

Свого нетерпіння він приховувати не вмів, тому мати, хоч і заклопотана доглядом за новонародженим Петром, швидко здогадалася — її син ховає у старому льосі якусь таємницю. Про те, що та таємниця потребувала чогось поживного, мати теж знала, але вигляду намагалася не подавати. Тільки «забувала» на столі залишки вечері на додачу до тих, які Степан ховав у себе за припічком. Хтозна, що думала Соболиха про сатанинське дитя. Думки ці пішли разом з нею до іншого світу.

Коли на суцільному сніговому покривалі почали з'являтися проталини від теплого погляду березневого сонця, по селу прокотилася звістка, що відьма нарешті віддала сатані свою темну душу. Її труп хтось знайшов у болотах неподалік села. Там, на болоті, Орисину матір і поховали.

Могилу ту встигли розмити весняні паводки, перш ніж Орися дізналася, що лишилася сама. Одного дня вона попросила відвести її до землянки на лісовій галявині. Звісно, Степан підкорився, хоча не уявляв собі, як зможе допомагати дівчині, коли вона буде так далеко. Але першого ж разу, коли він приніс тижневий запас їжі до землянки, зрозумів, що Орися більше не потребує його допомоги. Вона виглядала здоровою та повною сили, органічно вписувалася у таємничий світ того відьминого лігва, адже сама вже була маленькою відьмою.

Спочатку це лякало Степана. Він навіть подумував більш не ходити до землянки. Але кожного ранку протягом декількох років він прокидався з відчуттям очікування неділі, коли знову побачить Орисю.

Степан приходив до неї, сідав у кутку тісної землянки й спостерігав, як Орися варить своє зілля та ворожить.

— Тебе цьому мати навчила? — одного разу наважився спитати він.

— Ні, воно якось само...

— Як ти це робиш?

Орися у відповідь посміхнулася, прибрала з лоба чорне пасмо волосся й запропонувала:

— Хочеш тебе навчу?

Саме там, під землею, серед лісу, Степан став характерником, хоча не здогадувався про це доти, доки не потрапив з батьком на Січ.

Це сталося вже після того, як Орися вимушена була покинути своє дике житло й перебратися за сто з гаком верст на південь. Адже новий піп, що прийшов до села, почав підбурювати селян проти «лісової відьми». Тоді Степан і Орися швидко прощалися серед нічного лісу, ховаючись навіть від блідого погляду повного місяця...

По правді кажучи, Степан попросився на Січ саме тому, що звідти було ближче до Орисі...

Важке драпування з коштовної тканини опустилося на чорне провалля високого вікна, щоб із двору ніхто не побачив дивного синього світла, хоча під час ворожіння магічна куля сяяла настільки яскраво, що навіть таке маскування навряд чи діяло так добре, як хотілося б.

Зазвичай Степанові доводилося наступного ранку після сеансу вишукувати свідків серед охоронців і навіювати їм забуття, а іноді і відправляти на той світ, якщо навіювання не діяло. Це виснажувало, але хоча б трохи заспокоювало.

Степан устромив лезо ножа у проміжок між кам'яними брилами — вони зі скрипом роз'їхалися, відкривши сховок з магічною ку-

лею. Характерник обережно поставив її посеред кімнати. На пер-ший погляд, куля була вилита зі звичайного кольорового скла, але коли козак поклав її на долоні та прочитав молитву, кімнату затопило блискуче синє світло…

Наступної миті він опинився в тісній землянці з Орисиного дитинства. То була чудова ілюзія, що її майстерно створила чаклунка у світі тіней. Тут вони час від часу зустрічалися, нехтуючи будь-якими заборонами, щоб просто посидіти поруч, подивитися одне одному в очі, поговорити, передати важливі вісті для січових пластунів. Але зараз Орисі в комірці не було. У чаклунки могла бути єдина причина не прийти — їй загрожує небезпека. На низенькому столі, де ще ма-лою відьма готувала відвари, лежав пергамент та приладдя для письма. Це був запасний варіант, якщо побачитися не вдавалось.

Не встиг Степан нашкрябати послання, як у кволі дверцята землянки почали гупати з такою силою, що якби все відбувалося насправді, вони б злетіли зі шкіряних петель після першого ж удару.

Такого ще жодного разу не траплялося, тому характерник на мить розгубився. Треба було убезпечити написаного листа таким чином, щоб ворог не зміг його прочитати. Впевненою рукою Степан написав ім'я свого брата Петра. Тепер ніхто, крім нього, про ці вісті не дізнається. Залишалося сподіватися, що Сірко розшукає молодшого Соболя достатньо швидко.

Коли магічна куля була схована, у двері Степанових покоїв хтось постукав. Козак насторожився й вихопив шаблю з піхов. Невже попався?

— Хто? — сонним, роздратованим голосом спитав він, зриваючи драпування з вікна. Зовні народжувався новий день. На плацу біля сторожової вежі було спокійно. Ніхто його не пильнував.

— Ібрагім Паша прокинувся й вимагає негайно твоєї присутності, мій пане, — приємний дзвіночок однієї з наложниць заспокійливо пролунав за дверима.

Степан перевів подих і заховав зброю. Паша прокинувся настільки рано після ночі з такою красунею? Дивно. Мабуть, потрібно замінити наложниць...

За відчиненими дверима стояв низенький лисий чоловік із сірим хворобливим обличчям та гострим поглядом. Одній рукою він тримав булаву, другою — перелякану ледь не до смерті наложницю.

Перед тим, як страшна сила кинула Степана на підлогу й скувала тіло, він тільки встиг здивуватися, що не помітив в інтонації дівчини нічого підозрілого.

Тим часом непроханий гість жбурнув наложницю в куток, наче ляльку, обережно закрив за собою двері й присів перед знерухомілим характерником.

— Ось ти мені, соколе ясний, і потрібен...

Розділ п'ятнадцятий

Петро Соболь не був певен, що все добре зрозумів із пояснень Сірка. Голова почала паморочитися після того, як він дізнався від отамана про свого старшого брата Степана — велика ймовірність, що той живий і перебуває в самому серці татарського кодла.

Усвідомлення того, що у світі ще залишилася рідна душа, окриляло. Усі три дні подорожі на північ Петро думав про Степана, пишався ним.

Як він примудрився так довго дурити бусурманів? Он де справжній характерник! У роздумах про те, як брат нарешті повернеться на Січ живим та неушкодженим і як вони разом битимуть ворогів, Петро дістався околиці села, про яке говорив йому Сірко. Залишилося тільки знайти хату тієї відьми. Це ж треба — Степан полюбився з ворожкою. Батько про таку цікавинку, мабуть, не відав, а то дістав би братик батогів...

— Не підкажете, добродію, де тут Орися-знахарка мешкає? — чемно спитав Петро кремезного діда, що лагодив тин у дворі з великою біленою хатою.

Той підняв голову й подивився на козака з-під густих сивих брів.

— Чи не із Січі путь твоя, хлопче? — спитав він.

— Так, діду, із Січі, — весело відповів Петро, зістрибнув з коня, підійшов ближче й уклонився.

Дід похитав головою й погладив довгу бороду.

— Племінник мій ще на Катерини туди подався, — задумливо сказав він, — з того часу про нього нічого не чути...

— Можу розпитати про нього, коли повернуся.

Дід пожвавішав:

— От і добре. Михайло його звуть. Михайло Гринь, якщо буде твоя ласка...

— Тож не підкажете, де знайти знахарку ту?

— Он на пагорбі її хатина стоїть, — дід ткнув товстим пальцем кудись за Петрову спину, — але ти запізнився трохи. Ґудзь-молодший ранком її зарубав...

— Як це зарубав!? — випалив Петро й витріщив очі на діда.

— Казав я йому, що горілка до добра не доведе. Молодий він...

— Не може бути...

— Чого ж не може. Кажу тобі, як перед Богом. Іди сам подивися. Лежить вона там, уже в труні посеред хати. Потім повертайся, доброю вечерею пригощу.

Петро розгубився. Виходить, що важливих вістей, про які говорив Сірко, він так і не отримає. Підійшов до хати мертвої відьми, однак зайти не наважився. У сінях вовтузилися якісь бабці, голосно лаючись стосовно того, що саме їм випала доля готувати до похо-

вання відьму. Трохи поблукавши околицями, Соболь повернувся до гостинної оселі діда. Після вечері зразу ліг спати — розмова з хазяями не ладилася.

Посеред ночі Петро несподівано прокинувся, неначе хтось штовхнув його в бік. У хаті було темно й тихо. Дідове натужне сопіння та сонне бурмотіння його баби лише увиразнювали тут тишу. Соболь знову ліг, але сон біг від його очей. Йому здавалося, що поряд хтось стоїть та дивиться на нього. Коли нарешті вдалося заснути, то крізь нещільну тканину забуття у свідомість увірвалося скривавлене обличчя Степана.

— Ти зустрівся з Орисею?! — хриплим голосом спитав він.

Петро прокинувся, обливаючись потом від жаху, і кулею вилетів з хати, ненароком вступивши в діжку з водою й наробивши страшного гуркоту в сінях.

Надворі було холодно. Щоб зігрітися, Соболь побіг у бік Орисиної хатинки, схованої від очей у темряві. Можливо, знахарка залишила якесь повідомлення. Тож його треба знайти. Про труну, що, за словами діда, стояла посеред хати, козак намагався не думати.

Ось і садок. Дерева в ньому танцювали на пронизливому холодному вітрі, несамовито зриваючи із себе листя так, наче то була для них непосильна ноша. Вигнуті стовбури натужно скрипіли, і той скрип скидався на вічні пекельні стогони загублених людських душ.

Петро нагнувся й зайшов у невеличкі сіни. Тут було тісно, тепло й пахло травами. Заскрипіли важкі двері, що вели до світлиці. Там

розливалося м'яке, просякнуте ладаном світло від десятка свічок. І нікого. Звісно, який батюшка погодиться молитися вночі за душу відьми?

На труну хлопець намагався не дивитися. Перше, на що впав погляд, — скриня. Велика така, кована добрим залізом. Без замка. Якщо там і було щось цінне, з ним учорашні бабці вже розібралися. Хоча кому з них знадобився б папір?

Петро присів та відчинив скриню. Якби він ховав у цій хатинці якісь цінні документи, то тільки тут. Але всередині нічого, крім старезного мотлоху, не було.

Раптом Соболь знову відчув чиюсь присутність. Хтось стояв за спиною й дивився просто на нього. Морозний вітерець жаху пробігся по спині. Адже позаду стояла лише труна з небіжчицею. Уява відразу ж яскраво змалювала, як бліда відьма у труні повільно підводиться і простягає йому у закляклих пальцях сувій...

— Кому, скажи, як не характернику, змагатися у кмітливості з нечистою силою? — часто з іронічною усмішкою казав Сірко, звично накручуючи на палець кінчик свого вуса.

То невже він, Петро, відступить у першому ж бою? Повернувся й, звісно, нічого страшного не побачив. Та сама труна на стільцях з блідим жіночим профілем, мерехтливе світло свічок, шурхотіння жуків-короїдів по підлозі, що здавалося в тиші особливо гучним.

Петро навіть відчув деяке розчарування. Адже щоб довести Сіркові свою вправність, він був ладен і з мертвою знахаркою поспіл-

куватися. Але остання, схоже, не поділяла його запалу й віддавати сувій не бажала.

Зненацька з двору почувся дівочий спів. Хтось тягнув сумну мелодію прямо під вікном. Петрові ноги самі, всупереч волі, понесли його до дверей.

У темряві, посеред саду, стояла вродлива дівчина у білому вбранні з вінком на голові. Вона співала повну якоїсь надлюдської туги пісню й не моргаючи дивилася на Петра. Молодий Соболь витріщався на те дивне створіння з роззявленим ротом, загубившись у просторі й часі.

Він бачив лише дівчину та суцільну чорноту навкруги, так ніби висів у пустоті. І дивився б, мабуть, цілу вічність, якби примара не припинила співати, повабивши його жестом до себе. Розвернулась і попливла собі, розриваючи світлом пітьму навколо.

Петро зробив крок слідом за нею, потім ще й ще, поки дівчина раптом не розчинилася в повітрі...

Козак прийшов до тями серед густого лісу на березі невеликого ставу. На водну поверхню повільно падало жовте листя, виконуючи перед тим останній передсмертний танок.

Характерник озирнувся, щоб зрозуміти, як він сюди потрапив, але нічого схожого на стежку так і не побачив. Озеро почало наповнюватися світлом зсередини та пінитись.

Соболь хотів відступити від краю, але тіло заклякло й він не міг поворухнути навіть мізинцем. З-під води з'явилися дівочі постаті.

Химери простягали до Петра обплутані водоростями кістляві руки й співали вже знайому пісню, що затягувала його у крижаний вир…

— Досить уже! — прогримів чийсь владний жіночий голос, миттю розбивши чари. Петро з криком вискочив зі ставу. Химери тієї ж миті зникли під водою.

— Кого ти шукаєш, хлопче? — спитав Петра хтось невидимий.

— Орисю, знахарку, — тремтячими губами відповів хлопець. Усе це магічне дійство добряче скаламутило йому розум.

— Вона пішла на відпочинок і нескоро повернеться, — була відповідь.

— Але ж у неї є те, що вона мала передати мені… — через силу пробубонів козак.

— Хто ти?

— Петро Соболь…

Іван Сірко розглядав хлопця так, неначе бачив уперше. Колись така цікавість була б для молодшого Соболя нагородою, але зараз він відчував себе дурнем-невдахою, тому замовк і знітився.

— І що ж було далі? — спитав отаман.

— Мене охопив такий жах, що я побіг. Там було покинуте кладовище. Мені ввижалося, що з могил до мене з усіх боків тягнулися руки мерців. Вони зазивали мене страшними голосами…

— Ти ж казав, що потрапив у густий ліс?

— Коли я побіг, ліс несподівано кудись зник і я опинився на кладовищі... — Петро замовк та підняв очі на Сірка. — Ви ж бувалий характерник. Може поясните, що зі мною відбувалося в тому клятому селі?

— Все схоже на міцну медовуху, — покрутивши вуса, мовив отаман, — або трави в хаті ворожки могли на тебе так уплинути...

Молодший Соболь підскочив з лавки й витріщився на Сірка так, ніби побачив перед собою татарина:

— Тобто ви справді вважаєте, що все те...

— Охолонь, юначе, — спокійно, з металом у голосі мовив отаман. — Річ у тому, що декілька тисяч твоїх побратимів не сьогодні-завтра вирушать штурмувати Кизи-Кермень. Окрім того, у цій справі багато польських грошей і політики. Я маю вмовити Самойловича не йти на поклін до московського правителя, аби той змилувався та надав допомогу. Можливо, вісті від твого брата додали б до моїх слів більшої ваги. А ти мені розповідаєш якісь байки.

Соболь присів, опустивши голову. Важко було не погодитися зі словами Сірка.

— Медовухи в роті в мене не було ані краплі, — сказав хлопець. — Ваша правда, у хаті покійної ворожки було багато сухого бадилля. Може, чогось і нюхнув...

У курені повисла гнітюча тиша.

— Ти маєш кепський вигляд, хлопче, — порушив мовчання Сірко, — йди відпочинь. Завтра збирається козацька рада — буде важкий день.

— З того дня я не сплю, — підводячись, пояснив Петро, — але в останню ніч перед нашою зустріччю нарешті заснув, і дивний сон мені наснився. Начебто летів і бачив широку річку. Проти течії нею пливло багацько веслових суден під чорними вітрилами.

— І що далі? — запитав отаман.

— Коли я знизився, щоб роздивитися їх, невідомо звідки налетіли ворони й починали рвати мене на шматки. Тричі я засинав і прокидався від того марення.

— Гм. Твоє сновидіння дуже схоже на важливу звістку, — після хвилинних роздумів мовив Сірко. Він наповнив чарку й передав її Петрові.

Хлопець із надією поглянув на отамана:

— Ви впевнені?

— Я ні в чому не можу бути впевненим, поки не побачу на власні очі, — відповів Сірко, — однак нічого більш зрозумілого ми не маємо. Тому варто перевірити...

Розділ шістнадцятий

Від тої страшної ночі, коли Ярина востаннє бачила Івана, її тримали під замком в одному з розкішних візирових покоїв без вікон. Декілька разів служниці із закритими шовком обличчями приносили смачну їжу, а озброєні до зубів охоронці тільки мовчки відчиняли та безшумно зачиняли важкі двері. Але Ярина майже нічого не їла. Лише раз, виснажена від безсоння, вона дозволила собі напитися: сиплячи прокляття на хана, вона перетворила кімнату на звалище знищених коштовностей, кожної миті чекаючи на смерть. Але усі крики, сльози та прокльони розбивалися об глуху стіну — на неї не звертали уваги. Нарешті вона заснула. Коли розплющила очі, побачила трьох кремезних яничарів, що стояли поряд із шаблями наголо, витріщаючись на неї. Подивитися справді було на що, адже в запалі вона розірвала на собі коштовний шовковий одяг.

На ті погляди Ярині було начхати. Вона підвелася, навіть не намагаючись прикрити оголені груди й прибрати розпатлане волосся з обличчя. Яничари відсахнулися від полонянки, яка в той момент видалася їм справжньою відьмою, яка ніби тільки зараз з'явилася перед

ними з самої безодні північного степу. Від неї віяло непри-борканою силою дикої стихії, перед якою навіть досвідчені вояки на мить почулися беззахисними й мимоволі підняли клинки. Але Ярина не збиралася нападати. Мовчки стояла, і кожен з тих яничарів був певен, що ця відьма дивилася у вічі саме йому, і від того погляду мороз продирав до самих кісток.

Тепер вона йшла підземеллям на зустріч зі своїм коханим Іваном. Принаймні їй те пообіцяли. Заради цього вона зголосилася закутатись у коштовну перську ковдру. Хотіла побачити Івана, може, востаннє. Поки він живий. Поки вони обоє живі.

Йому здавалося, що те місце на цвинтарі будуть охороняти принаймні десяток яничарів, але коли він до нього наблизився, то нікого не побачив. Мурза легко знайшов потрібну могилу й, озираючись, почав її розбирати, обдираючи пальці й зриваючи нігті. Каміння прибрати виявилося значно легше, ніж потому розгрібати руками суглинок, перемішаний із жорствою. Гострі камінці різали пальці та долоні, але Давлет-бей не звертав на це уваги. Неначе хтось кликав із тієї могили й потрібно щонайшвидше дістатися до нього — вітер з моря віщував наближення ранку.

Раптом сухі грудки заворушилися і з могильної глибини вирвалася рука по лікоть, а потому з'явилося сіре, перемазане сирою глиною обличчя тасавуфа.

— Еліксир... — прохрипів воскреслий маг.

Насправді мурза не сподівався знову побачити турка живим після того, як той отримав удар кинджалом у спину. Хан наказав тримати тіло тасавуфа, щоб пізніше передати його турецьким посланцям, адже він був не простою людиною, а довіреною особою самого султана. У ханському дивані декілька днів царювала напруга, оскільки у відповідь на це вбивство всі очікували щонайменше дипломатичного скандалу, якщо не оголошення війни. Але менше ніж за тиждень з протилежного узбережжя Понту прибув таємний вісник та повідомив, що султан не зацікавлений у поверненні тіла й пропонує вдати, що ніякого мудреця взагалі не існувало. Було вирішено поховати тіло наступної ж ночі. Про зниклі ключі в маєтку візира також ніхто не згадував, булаву охороняли озброєні до зубів яничари. І ось, коли все повинно було скінчитися, ніби страшне сновидіння, у голові Давлет-бея знову пролунав голос тасавуфа. Він гнав мурзу до катівні, де на той час тримали тіло турка. Йти туди таємно, коли тебе в будь-який момент можуть запідозрити в державній зраді — повне безглуздя, але Давлет-бей не міг пручатися чужій могутній волі.

Тасавуф майже тиждень лежав у найглибшому закутку підземелля. Досвідчені лікарі при дивані оглядали тіло та запевняли хана, що небезпечна людина мертва. Заподіяти мерцю якоїсь шкоди, щоб знати напевне, у володаря не піднялася рука через побоювання, що султан у будь-який момент може змінити власні наміри й захоче пересвідчитися, через що саме загинув один з його найкращих радників. Тому мурза почувався божевільним, коли тремтячими руками

знімав саван з обличчя чарівника. Той був живий і дивився прямо на Давлет-бея. У мурзи ледве серце від жаху не зупинилося.

— Приготуй еліксир і відкопай мене з могили, — мовив турок слабким голосом, — мені потрібно ще трохи часу для відновлення. Запам'ятовуй рецепт...

Якби мурза й дуже хотів, він би не забув той рецепт до кінця життя, навіть якщо йому й пощастило б дожити до старості.

Осушивши за раз чималий глек з еліксиром, турок вибрався з могильного полону й на очах мурзи перетворився на величезного зголоднілого вовкулаку...

Рудий висів на дибі голий та скривавлений. Ярина спочатку навіть не впізнала коханого в напівтемряві, поки яничар не підніс смолоскип до його понівеченого обличчя. Вона розгублено зупинилася посеред катівні й тільки могла, що видавити із себе:

— Іване?

Він не реагував. Тіло безсило висіло на іржавих ланцюгах. Здавалося, що життя вже пішло з нього. По щоках жінки потекли сльози. Чи варто було прожити останні десять років у рабстві, щоб побачити свого коханого замордованим у поганських катівнях? Може, дарма вона не встромила турецького клинка собі в груди, коли була така можливість? Ярина зробила крок, опустилася перед Іваном на коліна й розридалася.

Позаду з'явилася чиясь висока тінь.

— Залишається дивуватися тому, наскільки ці турецькі чарівники далекі від розуміння світу простих людей, — тихий скрипучий голос ятрив свіжі рани, завдаючи ще більше болю. — Вони пропадають у пустелях роками, вишукуючи в глибинах людської природи витоки великої сили, а коли, сповнені пихи, повертаються до людей, то виявляються безсилими проти почуттів звичайної жінки.

Ярина скам'яніла. Ненависть за мить висушила солоні сльози в її очах.

— А мені дивно, що хтось вважає, буцімто зможе зломити козака тими тортурами, — мовила вона, з усіх сил намагаючись приховати зрадливе тремтіння в голосі.

— Напевне, панночка довго прожила в покоях султанського фаворита й бачила замало катувань, — відповіла тінь за спиною, — інакше вона не була б настільки простодушною.

— Ти закатував до смерті мого коханого, чого ще тобі треба?

— Гм... насправді твій козак живий, — пролунала відповідь, від якої Ярина підскочила й кинулася до Рудого. — Він здатен пережити багато страждань, перш ніж його душа покине тіло. Але ти справді маєш рацію, без твоєї присутності його страждання не мають сенсу, адже скільки б він не зазнавав болю, дати мені те, чого я прагну він не в змозі.

— Чого ж ти прагнеш?

— Того ж, чого й твій мертвий хазяїн. Забери його силу в нього та віддай мені. Я збережу життя вам обом.

— Життя не буде мати значення, якщо ти заволодієш силою булави…

—Але чи готова ти багато днів поспіль спостерігати його муки?

Стало тихо. Тінь позаду завмерла, але Ярина відчувала той важкий погляд на собі. Чи встигла б вона вчепитись у горлянку тому привиду й перегризти її перш, ніж охорона вб'є її? Тоді б усе закінчилося, але тільки для неї. Що буде з Іваном?

— Я згодна, — тихо мовила вона.

Зненацька тінь перетворилася в постать татарського хана. Він схопив Ярину за плечі, ривком розвернув до себе й упритул наблизив своє лице до її.

— Я знав, що ти не будеш пручатися, але якщо ти хоча б спробуєш мене обдурити, я змушу вас обох дивитися на страждання одне одного багато днів.

У тісній катівні з'явився охоронець. Ярина перша помітила в мінливому світлі факела його розгублене обличчя.

— Ти приніс булаву? — спитав хан.

— Булава зникла, мій господарю, — припавши майже до самої холодної кам'яної підлоги, тремтячим голосом мовив охоронець.

Немов яструб, правитель накинувся на нього, забувши про існування Ярини.

— Що значить зникла? — лютував хан, обома руками піднявши яничара за комір. — Хто її вкрав?

— Невідомо, мій господарю, — лепетав охоронець, — усі замки на місці...

— Стратити всіх, хто охороняв скарбницю!

— Слухаю, мій господарю, але...

— Що?!!!

— Мої люди взяли на себе сміливість перевірити могилу турецького чарівника...

— Навіщо?

— Вона розрита й пуста, мій господарю...

Навіть у темряві катівні можна було побачити на обличчі ханського правителя розгубленість, яку він намагався прикрити несамовитою люттю.

— Що ти таке верзеш? Кому знадобився труп того шарлатана? Навіть якщо знайшовся такий божевільний, він не міг далеко втекти...

Несподівано якась тінь позаду широкої ханової спини нечутно метнулася до найближчого кутка. Міцно зціпивши зуби та затаївши подих, Ярина із сокирою в руці кинулася просто на Ісляма Герая. Налиті люттю очі та розпущене волосся робили жінку схожою на страшну примару.

Охоронець миттєво відреагував - кволе тіло Ярини обм'якло на кривому яничарському клинкові. Важка сокира з брязкотом випала з худої долоні. На кам'яну підлогу якось особливо гучно закапала темна густа кров. Ярина ще довго дивилася в очі своєму вбивці, але вже не бачила його. Щось інше промайнуло перед її поглядом, від чого жінка щиро та широко посміхнулася й мертвою впала до ніг хана. Цієї ж миті Іван Рудий підняв розбиті повіки й важким поглядом утупився в застиглу посмішку своєї коханої. З його грудей вирвався не то стогін, не то глухий рев.

Іслям Герай байдуже подивився на мертву жінку й підвів погляд на раптом ожилого козака. Потім, підібравши факел, повернувся до яничара:

— Якщо ти до кінця тижня не знайдеш булави, я накажу посадити тебе на кіл, як останню поганську собаку, — і вийшов.

Ярина бачила чисте небо, розмальоване чудернацьки вигнутими гілками старої верби. Тут, неподалік від її убогої хатинки край лісу, вони з Іваном частенько зустрічали захід сонця. Могли годинами лежати на запашній траві й дивитися в небо. Білі, немов янголи, хмари, не поспішаючи, пливли у світлому сонячному морі кудись у вічність, ніжним подихом вітру вітаючись із закоханими. То були щасливі дні, коли вони не помічали часу, просто дихали життям на повні груди та мріяли.

Іван багато говорив про їхнє майбутнє життя разом:

— Тільки-но Остап-мельник збудує новий млин, я відразу візьмуся до роботи. Тоді ані батько, ані мати не зможуть перечити нашому весіллю...

— І що то буде за життя, Івасику, коли батьки твої вовком на ме-не дивитимуться? — питала Ярина.

Тоді Іван підводився й закривав собою небо. Дивлячись в очі дівчині, серйозно відповідав:

— Мусимо якось вижити, Ярино. Батько обіцяв віддати ділянку перед ставом, коли я одружусь. Там я побудую для нас біленьку чепурну хатинку, а ти розмалюєш її так, як сама забажаєш.

— Коли це буде...— відповідала Ярина, але на її обличчі грала ще по-дитячому мрійлива й щаслива усмішка. Потім обоє мовчали. У тому мовчазному єднанні душ спливали години, аж поки втомлене від радощів життя сонце не ховалося за обрій. Тоді вони ще довго прощалися, тримаючись за руки, доки голос матері, що кликала Ярину до хати, не змушував їх розлучитися.

...Навколо муркотів у вечірніх сутінках ліс, де кожне дерево, немов давній знайомий. Іван уважно вдивлявся в її очі. Вона могла відчувати його чомусь важке й нерівне дихання. Від того відчуття було і затишно, і тривожно. Іванова присутність була такою ж реальною, як і яничарський клинок у її грудях, як кров, що лилася з рани під спідницю в соковито зелену траву під босими ногами...

Розділ сімнадцятий

Іван Самойлович сидів за столом в отаманському курені, схиливши голову над чаркою. Здавалося, що він трохи перебрав з медовухою, та насправді гетьман був цілком тверезий, оскільки келих, що його завбачливо наповнив джура, залишався повним. У душі лютувала буря, і ніяке найміцніше питво не загасило б її.

Майже нечутно відчинилися двері. На порозі з холодної темряви з'явилася постать Сірка. Угледівши гетьмана, він завагався лише на якусь мить, але Самойлович помітив це.

— Заходь, я не кусаюся, — мовив він, піднявши голову.

Отаман ступив через поріг і щільно причинив двері — у курені не топилося, було холодно й сиро.

Самойлович підвівся, наповнив другий келих та подав його гостю:

— Я розумію, що тобі хотілося б робити справи без моєї участі, але рішення старшинської ради ще мають якусь силу на Січі, чи не так?

Сірко махом проковтнув міцний напій і посміхнувся в прокурені вуса:

— Ніхто на Січі не ставить під сумнів твою волю як гетьмана...

— Але ж сьогоднішня козацька рада вирішила, що цією облогою буде керувати кошовий отаман Сірко, — ледве стримуючи себе, відказав Самойлович. — Що це, як не зневага до рішень старшин?

Сірко присів на лаву й накрутив вуса на середній палець:

— Вони обрали б того Самойловича, який свого часу несамовито бив московитів та гнав їхні погані дупи з нашої землі. Але той Самойлович, що стояв перед ними сьогодні, пропонував об'єднатися з Москвою заради перемоги над турками...

Гетьман зірвався з місця й кинувся до Сірка так, немов хотів задушити.

— Про що ти думаєш, коли плануєш облогу Кизи-Керменю? — хриплим голосом запитав він, заглядаючи отаману в очі. — Я тобі скажу, що постає перед моїми очима: гора трупів твоїх побратимів! Тобі їх ховати, саме тобі дивитися в очі калікам. Ти цього хочеш?

Сірко нахмурився й опустив голову.

— Я знаю до чого ти хилиш, — мовив отаман, — але коли я бачу московські залоги в Києві та Полтаві, знаєш, що повстає в моїй уяві? Ні, не розтрощені вщент хати наших господинь, у яких стояли на постої та годувалися московські стрільці. І навіть не розгублені обличчя господарів, у яких відібрали чесно зароблений хліб, щоб наповнити вічно голодне черево царської армії. Я бачу тебе, мертвого,

на шибениці. Саме така доля чекає на будь-кого, хто виявиться настільки сліпим і глухим, щоб довіриться московитам!

Гетьман відсахнувся від співрозмовника, неначе і справді побачив себе з петлею на шиї. Він сів на своє місце:

— Ти мені байки не розповідай, Іване. Краще повідай, як плануєш золото польського короля відробляти.

— Зараз фортеця не готова до штурму...

— Але ж і ми не готові... — буркнув гетьман.

— Мої пластуни доповіли мені, що днями від Очакова до фортеці піде ціла турецька флотилія з продовольством, зброєю та значним підсиленням. Є в мене думка перехопити їх десь у Лимані, — Сірко все казав таким тоном, немов розмовляв сам із собою, — а після того і Кизи-Кермень сам до рук попроситься...

У двері гучно постукали. Відразу ж, не чекаючи на дозвіл, у курінь увірвався холодний подих осені, а разом з ним, ледве тримаючись на ногах, увійшов козак у розірваній свитці та густо заляпаних багнюкою шароварах. Поки джура похапцем топив піч, несподіваний гість мовчки сів на лаву, не поспішаючи стягнув із себе чоботи, зняв свитку та повісив її над піччю.

Гетьман якусь хвилину здивовано спостерігав за діями козака, потім мовив:

— Диви, як ти своїх людей розпустив...

— Що тобі не до серця, Іване? — не зрозумів Сірко.

— У тебе так заведено, що в отаманський курінь може будь-хто припхатись і сушити чоботи?

Вираз обличчя в отамана раптом став жорстким, майже злим. Звівши брови, Сірко зирнув на Самойловича:

— По-перше, не будь-хто, а козак Війська Запорізького. Мій побратим. По-друге, це Микола пластун з дальнього південного секрету. Якщо він тут, значить йому є що розповісти.

— Сподіваюся, звістка, яку він приніс, достатньо важлива для того, щоб сушити чоботи перед отаманською грубкою.

Сірко промовчав, хоча жовна на його щелепах зрадливо свідчили: йому є що сказати пихатому гетьманові. Тим часом козак поводився так, наче, крім нього, у курені нікого не було. Перехиливши келих медовухи, гість якийсь час мовчки сидів на лаві, дивлячись у вогонь. Потім почав тихо говорити:

— Чотири бусурманські загони кінноти швидко йдуть у цей бік. За ними піхота й підводи з гарматами.

— Що за чортівня... — з подивом мовив Самойлович, але на нього не звернули уваги.

— Хан іде на Січ, щоб відвернути нашу увагу від Кизи-Керменю, — покручуючи вус, спокійно сказав Сірко. Зморщок на його лобі значно побільшало.

— Треба гідно зустріти ханське військо, — сказав гетьман, поглядаючи на отамана з-під лоба, — причому зробити це треба якнайдалі від цього місця.

— І очаківську флотилію пропустити до бусурманської фортеці теж не можна, — задумливо мовив Сірко, — але на те все бракує людей.

— Може, я й погано розуміюся на тому, як завоювати довіру шановного січового товариства, — у голосі Самойловича чулася зла іронія, — однак, схоже, ти маєш визнати необхідність участі в козацьких справах московських військ.

Іван Сірко наче не почув тих слів і звернувся до джури, що порався біля грубки:

— Я ще декілька днів тому просив тебе знайти молодшого Соболя. Чому він досі не з'явився до мене?

— Його вже майже тиждень ніхто на Січі не бачив, — відказав джура, не відриваючись від справ. — Подейкують, що він заходився шукати ворожку...

Сірко схопився за голову.

— Що воно в біса тут відбувається? — мовив він у розпачі. Не говорячи більше ані слова, схопив шаблю й вискочив з куреня в холодну осінню пітьму...

У двері гупали чимось важким та щось кричали. Під вікном зібрався вже чималий натовп. Мабуть, хтось здогадався: тут коїться щось дивне.

Тасавуф відчув, як сила, що він її забрав у січового пластуна, поступово, однак досить швидко наповнювала його тіло, зціляючи водночас поранення від кинджала в спині. Коли він тримав у руці булаву, здавалося, що замість крові по жилах починає струменіти вогонь, який вібрує та нестерпно пече. Чарівник замотав булаву в плащ й подивився на мертвого козака з чорними проваллями випалених очей. Сіре обличчя було страшенно спотворено гримасою страждання. Козак лежав у калюжі крові, що досі витікала з перерізаного горла наложниці. То було страшенно ризиковано — проводити такий обряд, використовуючи першу-ліпшу жінку. Це могло призвести до вельми непередбачуваних наслідків, особливо, якщо б цей характерник мав більше досвіду. Але іншого виходу не було.

Звільнившись із могильного полону на міському кладовищі, тасавуф, обернувшись вовком, викрав булаву зі скарбниці та, знесилений, затаївся неподалік міста в печерах. Думка про те, щоб нарешті випробувати таємне знання свого вчителя й переселитися з пораненого тіла в того татарського недоумка, якийсь час здавалася розумною, але в останню хвилину, вибравшись із могили, турецький маг вирішив зжерти мурзу, оскільки той своїм переляканим виглядом не викликав нічого, окрім огиди. Людської плоті має вистачити на якийсь час.

Звичайно, можна було б просто привезти отриману здобич султанові, пообіцявши віднайти живого характерника хоч у самому пеклі. Та, хоча кров удалося зупинити, чарівник відчував, що може не пережити подорожі до Стамбула. До того ж його в будь-який момент можуть схопити ханські шпигуни. Ризик загинути, втративши булаву для імперії, був надто великим. Треба шукати інший шлях, іншого характерника.

Темною ніччю, коли світ поринув у морок, до захованої серед скель печері прилетів величезний ворон й опустився поряд зі згорбленим чоловіком у жебрацькому одязі. Випивши настій із тільки-но зібраних лікувальних трав і намагаючись не звертати уваги на біль та слабкість, чарівник почав пошепки читати закляття. Коли він нарешті став єдиним цілим із птахом, то спрямував його політ на північний захід, туди, де найімовірніше можна зустріти характерника. Перебування когось із них за межами володінь Війська Запорізького видавалося малоймовірним, але тасавуф відчував, що з кожним часом життя покидає його, тому все, що залишалося — це вірити в чудо.

Вірний ворон терпляче кружляв над Диким Степом на безпечній відстані від Січі, щоб дати своєму хазяїнові можливість відчути силу. Іноді чарівник втрачав зосередженість через приступи болю, і орел летів у будь-якому напрямку за власним бажанням. Тоді, повертаючись у розум птаха, доводилося корегувати його політ. Але після чергової, надто довгої відсутності, коли тасавуф мусив випити порцію зілля, він помітив, що орел ширяє низько над водою. Майже відразу відчулася присутність носія значної магічної сили. То був Лиман, а потужний струмінь енергії надходив з півночі. Зі здивуванням тасавуф виявив, що її джерело — за мурами фортеці Кизи-Кермень. То, напевне, козацький пластун. Можливо, полонений, а може, і ні. Те не мало особливого значення. Потрібно було зібрати останні сили, щоб

дістатися до фортеці. Чудодійне зілля із закляттям за стародавнім рецептом мало додати сил.

Уже опівночі на одній зі скель, що обдувалася пронизливим вітром, з'явився величезний вовк. Він задер голову на блідий овал місяця й сповнив околиці протяжним виттям...

Розділ вісімнадцятий

Багаття догоріло, і всі розійшлися по куренях. Дехто, правда, залишився, тому що від кількості випитого не тримався на ногах. Лише одна людина, що сиділа біля вогню й весь час підкидала туди хмизу, здавалася тверезою. То був Петро Соболь. Повернувшись з останнього завдання, він майже не спав через острах, що знову побачить той сон. Ні, молодий козак боявся не видіння з кораблями, про яке він розповів Сіркові, а іншого — про нього не хотів навіть згадувати. Хоча, можливо, було б легше, якби знайшлися вуха, готові вислухати це.

Петро довго біг. Спочатку через густий ліс, який хижо намагався схопити його та повалити. Він падав, підводився й знову біг. Потім було кладовище. Дуже старе. На жодній з могил не було хрестів. Із землі з'являлися руки мерців, намагаючись затягнути до себе. Робити кожен наступний крок ставало щораз важче. Однієї миті Петро зрозумів, що земля вже готова поглинути його, але в останню мить, коли сил боротися майже не лишилося, чиясь сильна рука схопила й одним ривком витягнула молодого характерника на траву.

Хлопець опинився в чистому полі, а поряд, опустивши голову на коліна, сидів його брат. Він не рухався, одежа була просякнута потом і кров'ю так, немов Степан тільки-но вийшов із запеклого бою. Але Петро зрадів, побачивши брата живого. Він покликав його, але той не реагував. Молодший Соболь торкнувся братового плеча, яке здалося йому твердим, наче камінь. Раптом Степан підняв голову. На Петра дивилося перекошене від болю обличчя з чорними проваллями замість очей. Тоді Петро несамовито кричав та прокидався.

— Допоможи мені... — голос брата звучав у його голові впродовж дня, стискаючи серце болем і жахом. Що він може зробити, як допомогти Степанові? Навіть якщо той ще живий і перебуває у фортеці, цей нав'язливий сон може свідчити лише про одне: братові зараз непереливки. Можливо, його викрили й катують. Підготовка до штурму йде повним ходом, але хто може бути впевнений, що підмога з'явиться вчасно? Степан для Петра вже одного разу помер. Тож чи може він дозволити йому вмерти ще раз, навіть не поговоривши з ним про батька, матір, їхнє село?..

— Чому ти досі не спиш? — спитав хтось із козаків.

Петро підняв голову. Перед ним стояв старий Мишко, який, здавалося, знав усе на світі, мав величезну, майже нелюдську силу й умів, як подейкували, зупиняти кулі зубами.

— Дядьку Мишку, знаю, що ви маєте якесь чудодійне зілля, що швидко зцілює навіть найстрашніші поранення.

— Так, але воно закінчилося майже тиждень тому. Віддав останнє комусь, а піти взяти не маю часу.

— Я чув, що те зілля робить якась ворожка, котра живе неподалік, — вів далі Петро. — Я міг би принести того зілля, якщо ви скажете мені, де її хата. Нас чекає велика битва, отож вариво те могло б стати в пригоді багатьом. Як вважаєте?

Старий Мишко знизав плечима.

— Чому ж не сказати? Розкажу, де вона мешкає, справа потрібна, — мовив козак. — Але в будь-якому разі до наступного вечора мусиш повернутися.

— Авжеж, дядьку Мишку, — зрадів Петро й заходився сідлати свою кобилу.

Майже в кожному, навіть невеличкому, селі на Гетьманщині є своя знахарка. Зазвичай це старезна бабуся з обличчям, схожим на мочене яблуко, вицвілими всевидющими очима та розпатланим і геть сивим волоссям. Навряд чи хтось скаже, скільки вона тут живе, хто її батьки. Усі впевнені, що «бабка» мешкала тут завжди. Такі жінки, як вона, збирали лікарські трави та корінці, сушили їх на даху під пекучим липневим сонцем та готували відвари за тільки їм відомими рецептами. Останні, між іншим, ніхто не побачить записаними в книзі чи на шкіряному сувої. Вони викарбувані в пам'яті в нескінченно далекому минулому й рано чи пізно повертаються в ту саму нескінченність разом зі смертю хазяйки.

У цьому селі, що розкинулося на північних кордонах Великого Степу, жила саме така ворожка. Місцеві називали її просто бабкою, без імені, бо його ніхто не знав, а сама вона про нього ніколи не згадувала. Особа бабки, щоправда, була позбавлена традиційної втаємниченості, як то належить будь-якій відьмі. Її приземкувата біленька хатинка причаїлася серед старого яблуневого саду серед десятка інших таких самих хат у самісінькому серці села неподалік церкви.

Люди частенько навідувалися до неї не тільки за цілющими відварами. Дівчата, наприклад, просили поворожити, щоб дізнатися про майбутнього нареченого, або приготувати дієве приворотне зілля. Сусіди іноді молили, щоб вона зупинила раптовий падіж худоби. Крім того, цю бабку не раз запрошували як повитуху, хоча місцевий піп, звісно, цього не схвалював.

Січовиків на цих вулицях бачили нерідко, тому коли Петро зупинив кобилу біля бабчиного тину, ніхто на нього не звернув уваги. Козак увійшов на просторе подвір'я через відчинену хвіртку. Під останніми теплими променями тут розважливо прогулювались у пошуках зернин вгодовані кури; рогата коза, не поспішаючи, скубла вже пожовклу траву, що лишилася поряд із собачою будкою, з якої стирчав кудлатий собачий хвіст. Коли з'явився незваний гість, той навіть не ворухнувся.

Петро, розглядаючи цю хазяйську ідилію, навіть засумнівався, чи до тої хати потрапив. Але коли на ґанок вийшла господиня, усі сумніви миттю розвіялися. Густі пасма ще не зовсім сивого волосся

майже повністю ховали обличчя старої, видно було лише очі з пронизливим поглядом, який мають тільки справжні відьми.

Петро привітався, чемно вклонившись. Жінка, обережно шкутильгаючи, наблизилася до гостя.

— Я живу в цьому світі досить довго, — замість привітання відповіла вона, — тому мала час, щоб помітити одну чудасію в людській природі: живі аж надто переймаються долею мертвих. Можливо, багато хто був би дуже здивований, якби дізнався, наскільки мертвим байдуже до справ живих. Коли твій шлях добігає кінця, ти почуваєшся втомленим і єдине, чого бажаєш, залишаючи цей світ, це відпочити. Можу тебе запевнити, хлопче, то до біса неприємно, коли хтось, кого ти лишив по той бік буття, навіть якщо це найдорожча людина, тримає тебе між світами, перебуваючи в полоні власних пристрастей.

— Мій брат потребує допомоги, — тихо мовив Петро. — Він кличе мене кожної ночі, але я не знаю, як до нього дістатися. Прошу вас, допоможіть мені!

— Наскільки я зараз можу бачити, твій брат не встиг за життя зробити чогось такого, що вважав важливим, — уже м'якшим тоном сказала бабка. — Тому його душа зараз блукає, шукаючи можливості звільнитися від тягаря, який сама ж для себе й створила.

— То як же я можу цьому зарадити? — допитувався Петро.

— Я надто стара, щоб звести вас, — опустивши голову, відповіла ворожка. — Однак ти, як я помітила, володієш майстерністю характерників. Я підкажу тобі шлях...

Коли Петро, отримавши всі потрібні настанови, вже збирався зачинити за собою хвіртку, він почув голос відьми з темряви:

— Один могутній воїн на Січі необачно, хоча й з добрими намірами, відкрив перед тобою браму, за якою всіх, хто перед нею стоїть, чекає страждання і загибель. Зрозумій істину, яка, можливо, одного разу додасть декілька днів, а може, й років до твого життя: характерник має могутніх ворогів. Бусурмани й ляхи до цього списку не входять.

— Хто ж тоді мій ворог? — запитав Петро в пітьму.

— Він усюди там, де ти, але ти його не помітиш, поки не отримаєш підступний удар у спину. Хоч яким сильним ти будеш, він завжди сильніший за тебе, бо твоя сила закута в плоть, а він вільний від неї. Прощавай, Петре Соболю!

Те, що бабка йому порадила, у розумінні Петра скидалося на якусь дурню, про яку очманілі від випитої медовухи козаки розповідали дотепні байки. Хтось один із виразом жаху на червоній пиці розповідав, як він робив щось подібне, а коли закінчував говорити, над Січчю лунав регіт дюжини горлянок. Звісно, ніхто йому не вірив, хоча оповідач хрестився та божився, що саме так усе й відбувалося. Можливо, стара відьма просто вирішила потішитися над молодим

довірливим козаком, а тепер сидить перед грубою, потирає сухі руки й посміхається беззубим ротом. Закопати кістки під сухим деревом на узбережжі ставу та прочитати закляття — не така вже й клопітка праця. Якщо все це лише маячня, він уже наступного вечора буде на Січі. Увесь ритуал зайняв часу менше, ніж довелося його витратити, шукаючи сухе дерево на березі ставу. Бабка казала, що те місце «ховається» від людини, яка його прагне відшукати. Петро не розумів, як можна не знайти серед степу одне-єдине дерево, тим більше сухе. Соболь заблукав і витратив майже всю ніч, щоб дістатися того зачарованого місця. Як виявилося, став разом із деревом ховалися в доволі глибокому яру посеред чистого поля. Натрапити на той яр можна було або випадково, або ж якщо знаєш, куди йти.

Петро нашвидкуруч зробив усе, що було потрібно за настановами старої, і, навіть не чекаючи ніяких наслідків, назбирав дров, розпалив багаття та заходився готувати спійманого під час пошуків молодого зайця. Його добре пропечене м'ясо було м'яким і смачним.

Наївшись, як то кажуть, від пуза, по-козацьки, Петро спорудив невеличкий намет, щоб захиститись від холодних осінніх протягів, і заснув, жалкуючи, що не взяв із собою хоча б трохи медовухи.

Виринувши із солодких обіймів молодечого сну, Петро відчув чиюсь присутність. До того ж, щось приємно лоскотало його чоло. Розплющивши очі, перше, що побачив, — розкішне жіноче волосся. Соболь аж підскочив, здивовано розглядаючи дівчину в білій сорочці,

що сиділа поряд з ним. Вона підставила замріяне обличчя напрочуд теплим променям ранкового сонця, що зазирало до яру.

Петро відчув, як задубіло від нічного холоду тіло, але навіть не ворухнувся, розглядаючи незнайомку, — боявся злякати.

— У цьому році літо видалося теплим і довгим, — задумливо мовила дівчина, — саме так було того року...

Петро привітався, але відповіді не отримав.

— Ти заблукала? Змерзла? — спитав він, накинувши свій жупан на дівочі плечі. — Я можу відвезти тебе до хати.

Незнайомка нарешті повернулася до козака й чарівно йому всміхнулася.

— Якби, добрий козаче, я могла піти звідси, то дісталася б до хати без твоєї допомоги.

То був звичайний дівочий голос, але від нього Петрові стало моторошно. Він почав пильніше придивлятися до своєї нової знайомої, але нічого незвичайного не помітив, лише смуток у великих сірих очах.

— Хто ж тебе не відпускає з цього місця? — після короткого мовчання наважився спитати він. Щось йому підказувало, що проведений учора ритуал починає даватися взнаки.

— Ота мотузка, — дівчина вказала на сухе дерево, на нижній гілці якого справді висіла мотузка, трохи помовчала й додала зовсім тихо: — Певно, не тільки вона...

— Як же вона може тебе тримати? — недовірливо спитав Петро.

— Мати мене називала Калиною. Батька я не пам'ятаю, — почала розповідь Калина, не відриваючи сумного погляду від мертвого дерева. — Коли я виросла, то стала першою красунею на селі. На гуляннях біля мене увивалися майже всі парубки. З тієї, мабуть, причини, доводилось обходитися без подруг, — Калина криво посміхнулася. — Та в серце мені запав Тарас, син багатіїв Чумаченків. Гарний чорнявий хлопчина, молодший навіть за мене. На відміну від інших, він ніколи не залицявся, навіть не вітався — не наважувався. Але я відчувала його довгий погляд, усміхалася йому, хоча він не відповідав. Тільки продовжував дивитися. І саме той клятий погляд запав мені в душу.

Ми познайомилися ближче на вечорницях. Він був сором'язливий та мовчазний, від чого здавався іншим надто нудним. А мені подобалося проводити з ним довгі зимові вечори. Здебільшого ми мовчали, і він увесь час дивився на мене. Здавалося, що хотів мені щось сказати, проте й надалі грав у мовчанку. А навесні його батьки наказали мені не наближатися до їхнього сина, бо я, мовляв, розбещую хлопця, відриваю його від роботи по господарству. Насправді ж вони знайшли Тарасові наречену із заможної родини. Не встигло минути Івана Купала, як свати вже стукали в її двері.

Увесь цей час ми зустрічалися з Тарасом таємно ось на цьому місці й дивилися на небо, що відбивалося у воді. Воно тут таке саме, як і вгорі — барвисте і яскраве. Заходиш у воду, наче крокуєш по небу...

Калина замовкла, розглядаючи кола на воді, що їх залишали дощові краплі. Вони тільки почали падати із сірої безодні, яка низько висіла над яром і слухала розповідь дівчини, не стримуючи сліз, бо знала напевне, чим закінчиться та історія. Петро ж не знав, тому, не помічаючи холодного вітру, нетерпляче дивився на Калину й чекав продовження оповіді.

— Що ж було далі? — спитав він, піддавшись чарам дівчини й на певний час узагалі забувши, чого сюди прийшов.

Калина подивилася на хлопця так, немов побачила вперше:

— Що далі? Мій Тарасик обіцяв, що однієї ночі він кине все і ми разом утечемо. Одного липневого вечора він зробив те, чого хотів від самого початку, — мовила вона. Петро побачив, що її щоки стали мокрі чи то від сліз, чи від дощу. — Я не пручалася, бо сама хотіла віддати йому всю себе. Наступного вечора сталося те саме, потім іще. І так цілий тиждень. Мабуть, тоді в кожній хаті на селі пліткували про наші походеньки, але я того не помічала. Мені було байдуже.

За весь час мати не сказала мені ані слова. Коли посеред ночі я тихенько заходила до хати, вона не спала, а чекала в кутку під образами. Потім усе скінчилось. Одного разу я прийшла на побачення, а Тарас не з'явився. Наступного дня, коли я поралася по господарству, дітвора закидала мене гнилими яблуками й з криками «повія» кинулася тікати. Наступні декілька тижнів після Тарасового весілля наше життя перетворилося на пекло. Ми сиділи вдома за зачиненими дверима, боячись вийти навіть у двір.

За весь час я не почула жодного дорікання від мами, але помітила, що вона почала швидко слабнути. За місяць уже не вставала з постелі. Я тягнула все господарство сама, не відаю, де й сили бралися. Кривих поглядів сусідів та знущань дітвори навчилася не помічати. Одного дня мами не стало. Вона вмерла тихо серед ночі, не прокидаючись. Я помітила це вже вранці. Тоді ж зрозуміла, що вагітна. Не можу пригадати, що я робила, пам'ятаю тільки розпач і лють. Я вважала себе винною в матусиній смерті. Просила в неї прощення, заливаючись сльозами, а наступної миті громила все в хаті, зриваючи голос від плачу. Ті, хто тоді мене бачив, розпатлану, з виряченими очима, у брудній сорочці, вважали, що я втратила розум. І прямо в очі казали, мовляв, так тобі й треба.

Прокинувшись наступного ранку після похорону матері, я взяла мотузку й прийшла сюди. Тоді, кілька років тому, те дерево було живе, але, увібравши все моє горе, засохло.

Калина подивилась на Петра повними сліз і ненависті очима.

— Кожен із тих, хто бачив моє поховання, вважав, що я отримала своє, — майже хрипіла вона. — Скажи мені, хлопче, чи буде надто несправедливо, якщо до цього села прийдуть турки або ляхи й розграбують його вщент?

Петро мовчав. Йому було страшно чути цю дівчину, бути поряд з нею, з її розпачем та люттю. У ті хвилини в нього було тільки одне бажання: зникнути звідси. Але невже він утече, так і не зустрівши свого брата?

Калина замовкла і, немов прочитавши думки молодого козака, сказала:

— Ти отримаєш те, заради чого сюди прийшов. Але за те я хочу плати...

Степан виглядав саме таким, яким Петро його бачив, коли той востаннє збирався з батьком на Січ. Він стояв у білій вишитій матусею сорочці, яскраво-малинових шароварах та новеньких чоботах. За ними вони родиною їздили на ярмарок до Полтави майже за три десятки верст.

— Чому ж ти, братику мій молодший, тільки дивишся на мене, а не підійдеш, щоб я тебе обійняв? — почув Петро Степанів голос. Він настільки розгубився, що спочатку не знайшов, що відповісти. Був би радий кинутися до брата тієї ж миті, як тільки побачив, але старший Соболь стояв просто на воді посеред озера.

— Між світами живих і мертвих — прірва, — попереджала Калина. — Той, хто наважується наводити над нею мости, приречений на загибель. Мертві кличуть до себе живих не тому, що хочуть згубити. Їхня душа ще не змирилася з власною долею, тому блукає, шукаючи притулку у скорботі тих, кого лишила на іншому боці.

— Ти кликав мене, Степане, — нарешті наважився відповісти молодший Соболь. — Я тут, перед тобою.

— Чи отримав ти послання, яке я посилав через Орисю?

— Отримав, брате, — відповів Петро, — але не через Орисю, бо вона була вже мертва.

Степан схилив голову, наче на його плечі лягла гора смутку, і сів на воду. Від цього поверхнею озера пішла хвиля. Пінистим ланцюгом вона докотилася до берега й вдарилася об Петрові ноги.

— Не журися, Степане, — Петро спробував утішити брата, — ви обов'язково зустрінетеся. Батько з матінкою теж давно вже чекають на тебе...

— Знаю, Петре, знаю, — чекаю на ту зустріч з нетерпінням, але маю дещо повідомити перед тим.

— Слухаю тебе, — обізвався Петро.

— Життя моє забрав могутній чарівник з магічною булавою, яку вже давно шукав Сірко, отаман наш. Неготовий я виявився до тієї битви, дозволив великій силі опинитися в руках у ворога. Зараз той чарівник прямує до Очакова лівим берегом Борисфену. Якщо Сірко зараз виступить, то зможе відвоювати булаву. Він єдиний, хто в змозі зробити це. Якщо йому те не вдасться, чекає на Січ і на всю Геть-манщину загибель від шабель бусурманських. Бо якщо з тією була-вою виступить проти нас хан татарський чи й султан османів, не вистояти нам проти них. Тоді ані польський король, ані московський цар не допоможуть...

У дворі Чумаченків сьогодні майже від самого ранку грали музики — їхня дочка виходила заміж за якогось москаля, з яким здибалася, коли навчалась у Києві.

Чумаченки були найзаможнішою родиною в селі, тому всі хотіли мати з ними добрі стосунки. Хоча минуло майже два роки з того часу, як їхній син Тарас занапастив дівча з бідної родини, про це ніхто не згадував. Багато хто був винен Чумаченкам гроші, до того ж нікому не хотілося отримати такого ворога. Ходили чутки, що вхожі вони до родини самого полкового писаря.

А скільки хлопців з усієї округи бігали за тією дочкою! Ніхто навіть рахувати не брався, але всі дуже уважно стежили за дівчиною й навіть сперечалися між собою, за кого таки вона заміж вийде, бо вже засиділася в дівках. Ще б пак! Спробуй знайти такій цяці пару, якщо воно змалку в обновах ходила, що їх з Києва та Кракова батько привозив. Іноді, особливо на великі свята, на тій кралі бачили одежину, яка коштувала більше, ніж усе майно її залицяльників.

Усі, хто чув про Чумаченків уперше, завше дивувалися, чому вони живуть у селі, а не переїздять до міста. Кажуть, їх запрошували з Полтави, навіть із Києва, але вони відмовлялися. Зате заходилися пивоварню за селом будувати та став для неї рити.

Ворожку теж було запрошено на те весілля. Сама господиня приходила напередодні й просила прийти, бо була дуже забобонна й боялася, що хтось, не дай Боже, зурочить її донечку. Коли та історія

сталася з її Тарасом, вона чи не кожної неділі приходила, приносила подарунки, гроші, готова була з власної шкіри вилізти, тільки щоб ніхто її синочка через «ту навіжену дівку» не надумав зі світу білого зжити.

Тож уперше за багато років бабка-ворожиха збиралася на весілля. Точніше, це буде другий раз за життя. Вперше вона гуляла як наречена. Недовго тривало її щастя — чоловік загинув від татарської шаблі. Ніколи з тих часів в неї не було чоловіка, ніколи ніхто не запрошував її на весілля. А це на тобі. Ще невідомо, як до неї поставляться гості, бо не всяк до ворожок прихильний, особливо на весіллях. Але стару найменше непокоїло, що про неї подумають люди — до злих поглядів та язиків не звикати. Відчувала вона, що побувати на гулянні їй доведеться не просто так: має щось статися, чому вона мусить бути свідком. Що ж може статися на весіллі, подумає звичайна людина: понапиваються, побешкетують трохи та й спати під столи заваляться. Але ж бабка була не простою ворожкою, а досвідченою відьмою, тому розуміла — якщо треба їй бути на тому весіллі, значить це її особисто стосується.

Пополудні, коли наречені зі сватами повернулися з церкви, бабка вже зайняла своє почесне місце за столом у просторому дворі за високим тином. Навколо всі їли, пили, гуляли, а вона ні до чого не торкнулася, тільки дивилася навколо, немов щось от-от мало статися. Якби комусь було до неї діло, він обов'язково запідозрив би, що вона чаклує. Але всі були зайняті наїдками, більшість з яких куштували

вперше, тому навіть не звернули уваги на молодого козака при шаблі, що увійшов до двору. Він намагався виглядати безтурботним, але уважне око помітило б ті дивні погляди, які він кидав на людей, та нервовість у рухах. Ворожка відразу ж упізнала того хлопчину, що приходив до неї вчора. Їй не сподобався цей візит, але що вона могла вдіяти? Залишалося тільки спостерігати. За декілька хвилин події закрутилися стрімко.

Козак щось розпитував у гостей, і ті показували йому на господарську садибу. Хлопець присів, наче чогось чекаючи. Через якийсь час на високий ґанок вийшов Чумаченків син Тарас. Гість піднявся зі свого місця й повільно попрямував до нього. Ворожці хотілось провалитися крізь землю. Вона зрозуміла, яку помилку вчинила, надавши можливість недосвідченому хлопцю зв'язатися з потойбічним світом. Справжній характерник відрізняється від звичайного служаки саме тим, що вміє окульбачити самого чорта, отримавши від нього все, що потрібно, але не втративши власної душі. Схоже, злий дух, до якого ворожка необачно відправила цього січовика, знайшов до нього підхід і тепер має велику владу над хлопцем. Нарешті ворожка збагнула, чому вона тут, — щоб стати свідком власної легковажності. «Якби мати досі була жива, то добряче надерла б мені дупу», — промайнуло в її голові.

Тим часом молодий козак наблизився до Тараса й щось запитав його. Коли той відповів, гість схопив його й поволік через весь двір прямо крізь розгублений натовп. Люди сиділи й стояли ніби в

якомусь заціпенінні, дивилися на нього, однак ніхто навіть не поворухнувся. Ще б пак! Гість був не простим козаком, а молодим характерником у заручниках у самого диявола. Проти такої сили будь-хто безпомічний. Тож і ворожці залишалося тільки сидіти й дивитись.

Тарас із розбитим обличчям стояв на колінах просто посеред вулиці. Кривава юшка з носа стікала по блідих губах на підборіддя.

— Розповідай, як занапастив Калину, — Петро почув власний голос, але не впізнав його. Наче за нього говорив хтось інший.

— Я любив Калину... я... моя мати, я не хотів, я не винен, що... — белькотів Тарас.

— Не вір йому, Петре! — пролунав у козаковій голові дзвінкий голос Калини. — Він хотів лише насолодитися моїм молодим тілом. До моєї душі йому було байдуже, тож він занапастив її. Покарай його за це!

Петра захлеснула хвиля ненависті, якої він ніколи раніше не відчував, навіть тоді, коли побачив, що зробили татари з його батьком. Петро вихопив шаблю:

— Невже тобі немає, що сказати перед смертю, окрім брехні? — спитав він.

— М-м-мені шкода, що так вийшло, — крізь сльози продовжував белькотіти Тарас. — Не вбивайте мене, дядьку, у мене жінка, мала дитина, не вбивайте мене...

— Чого ти чекаєш, Петре? — голос Калини наче розривав тіло на частини. — Чи не обіцяв ти мені зробити що завгодно за зустріч з братом? Настав час платити!

Рука з шаблею сама піднялася над головою.

— Тобі ніколи не зрозуміти, що відчувала Калина, коли йшла до того ставу, щоб лишити цей світ, — тихо мовив Петро. — Нехай твої батьки та дружина відчують те, коли отримають у подарунок твою голову...

Пролунав постріл. Козак відчув різкий біль у руці. Тієї ж миті шабля впала на землю. Вершник, що несподівано з'явився поряд, ударив Петра по голові руків'ям пістоля і той упав на переляканого Тараса.

Вони сиділи поряд на тому самому пагорбі, на якому Петро завжди тренувався, щоб стати добрим характерником. Відколи Сірко забрав його з того триклятого села, вони не сказали один одному жодного слова. Щоб звільнити хлопця від влади темної сили, отаману довелося творити складний ритуал, після якого козак почувався виснаженим.

— Ти знаєш, чому характерників так мало і чому мине зовсім небагато часу й вони зникнуть? — спитав Сірко, нарешті перервавши мовчанку.

У відповідь Петро тільки мотнув головою.

— Майже кожного дня до мене приходять такі хлопці, як ти, і просять навчити їх характерницької майстерності, — отаман посміхнувся. — Більшість з них зазвичай не проходять усього шляху й залишаються просто добрими козаками. Деякі, як-от ти, іноді, несподівано для себе, опиняються перед прірвою, з якої немає вороття. І зовсім рідко мені вдається зупинити їх на шляху до загибелі.

— Я дуже дякую, вам, дядьку Сірко… — почав Петро, але отаман жестом примусив його замовкнути.

— Я тобі це розповідаю не тому, що хочу добитися подяки. Сама можливість учити тебе — для мене вже нагорода, оскільки я обіцяв Івану бути тобі за батька. Тому дуже тебе прошу, заради пам'яті твого батька, доброго козака, та Рудого, одного з найкращих моїх воїнів, намагайся якомога довше не стати останнім характерником.

Петро піднявся на ноги й низько вклонився отаманові:

— Я шаную вашу турботу про мене й намагатимусь чинити за вашими настановами, оскільки нікого, крім вас, у мене не залишилося. Але Степан передав через мене важливу звістку.

Сірко пильно подивився на хлопця.

— Його вбив турецький чарівник, щоб заволодіти силою магічної булави. Брат сказав, що лише ви можете його здолати. Тільки я не знаю, як ви, дядьку, будете його шукати…

Сірко підскочив, немов сів на джмеля:

— Чого ж ти, дурнику, мовчиш? Булава — не голка у стозі сіна. Як то кажуть, вовк вовка бачить здалеку.

Отаман скочив на коня — і Петро залишився один. Не помічаючи холодного пронизливого вітру, який віщував дощ, він знову сів на землю й сам до себе усміхнувся:

— Хай там як, дядько Сірко, але сатану ми цього разу таки окульбачили.

Розділ дев'ятнадцятий

Іван майже не відрізняв ударів барабана від биття власного серця. Козак перебував у млосному заціпенінні, майже несвідомо виконуючи дії, які від нього вимагалися. Тільки зрідка свисток коміта повертав до реального світу, і тоді Рудий відчував біль. Боліло все — і від пережитих катувань, і від тижнів важкої праці на галері. Але зараз найбільше дошкуляла зранена до кості нога, закута в кайдани, за яким невідступно, немов змія за жертвою, вився важкий ціпок.

На палубі, де працювали гребці, стояв задушливий сморід від поту та гниття понівечених людських тіл. На цій галері доживали останні дні раби та взяті в полон козаки. Один з них, худорлявий дядько зі зламаним носом та вибитим оком, сидів поряд з Іваном. Він постійно щось говорив про Дикий Степ, де, за його словами, народився, хоча ані Рудий, ані інший його сусід по веслу не слухали. Кожен занурився в себе, замкнувшись у власній шкарлупі, щоб зберегти останні краплі життя в понівечених тілах.

Кожен козак має досвід веслування, адже не один раз виходив у похід на чайках. Тому полонені січовики надзвичайно цінувалися. Після тренувань їх відправляли на бойові галери. Ходили чутки, що ціла турецько-татарська флотилія з провіантом і зброєю повинна дістатися фортеці на березі Борисфену. Бойове судно, на якому зараз перебував Рудий, було одне з кількох, що супроводжували вантажні кораблі з провіантом та припасами до Кизи-Керменю. Про все це Іван довідався, збираючи до купи уривки розмов між яничарами, які, брязкаючи зброєю, досить часто навідувалися на палубу з веслярами, щоб пройтися батогом по оголених козацьких спинах. Не встигла ще галера вийти з очаківського порту, як Рудий дістав декілька ударів від тих гостей, але болю майже не відчував. Несвідомо підкорюючись ритмові барабана, він уперто тягнув на себе руків'я важкого весла. Весь час Іван бачив перед собою лише сіре обличчя Ярини зі спрямованим на нього мертвим поглядом. Козак досі був ладен вважати, що бачене — лише страшне марення. Іноді, немов видіння з напівзабутого сну, в уяві з'являвся поважний татарин у коштовному вбранні. Він підходив, заглядав у вічі й казав:

— Твоя сила покинула тебе. Турецький чарівник знищив її. Тепер твоє місце на галерах. Подивимося, на що ти здатен без твоїх шайтанських фокусів із перевтіленнями.

Пролунав сигнал сушити весла, перервавши потік сумних думок. Нарешті довгоочікуваний відпочинок. Веслярі випрямляли закляклі спини, перемотували брудним ганчір'ям стерті до крові долоні. Хтось позаду Рудого впівголоса висловив сподівання на ковток води. У поході пити приносили регулярно, принаймні обіцяли те ще в Очакові, але відтоді в роті не мали ані краплини.

Минуло з пів години, галера й далі стояла, але жаданої вологи так ніхто й не отримав. Натомість на палубі з'явилося декілька яничарів, і серед веслярів запанувала тиша — невже знову битимуть батогами? Спини в декого вже встигли перетворитися на суцільну криваву рану й почали загниватися, приваблюючи до себе рої мух.

Один турок ходив поміж рядів, уважно вдивляючись у виснажені обличчя. Гадаючи, що він вишукує нову жертву, усі намагалися якнайнижче опустити голову або сховати погляд. Але турок руків'ям батога підіймаючи підборіддя, ледь не кожного та питав:

— Кажи, ти із Січі?

Веслярі заперечливо мотали головами, бо добре знали, як яничари ненавиділи козаків і які тортури їм влаштовували.

Іван спостерігав за цим одним оком, перемотуючи зранену кайданами ногу. Більшість на цій турецькій галері насправді були січовиками, але зараз морально знищені, вони відрікалися від звання, яким ще зовсім недавно пишалися, можливо, сподіваючись, що рано чи пізно побратими сплатять за них відкупну. І якщо ці бусурмани не знають, хто є хто тут насправді, то навіщо наражатися?

Хто має право засуджувати тих нещасних? Може, тільки ті, котрі годинами корчилися на колах серед майдану, помираючи в страшенних муках на очах у сотень ворогів. Але вони вже нічого не скажуть. Хоча, можливо, колись хтось із них прийде з того світу нагадати про обов'язок живих перед мертвими. Таке станеться з од-ним з цих веслярів, якщо, звичайно, йому пощастить вижити. Він сиді-

тиме на ґанку, біля власної хати з люлькою у роті, згадуючи вільне козацьке життя, і раптом почує у власному серці тихий, але наполегливий поклик:

— Чи помстився ти за мене, брате? Чи відплатив бусурманам за мої страждання?

Та не кожному дано почути той голос.

— Я козак Війська Запорізького, то й що? — голосно мовив Іван і важко піднявся на ноги. Йому довелося схилити голову через низьку стелю.

Яничар підійшов упритул до Рудого й задер голову.

— Рік тому мого брата вбили твої одновірці, — мовив він. — З того часу я поклявся Аллахові знищити триста козаків, аби помститися за його смерть. Я знищив уже понад дві сотні, і всі вони лизали мені чоботи, вмовляючи вбити їх швидко.

— Твій брат, напевне, загинув у бою, а ти мстиш, катуючи ворога? — відповів Іван. — Чи те є гідним справжнього воїна?

— Не так багато заслуговує на чесний поєдинок, — ховаючи батіг за широкий шкіряний пояс, мовив яничар. — Мені відомо, що більшість із цих веслярів — січові козаки, але з усіх тільки ти визнав це. Можливо, я дам тобі шанс умерти як справжньому воїну. Зніміть з нього кайдани!

Коли Рудого вивели на верхню палубу, він побачив Лиман. Голова крутилася від свіжого повітря, слабкості та простору. Скільки

часу він провів у татарських катівнях? За натовпом вбраних у золото дерев сором'язливо ховався червоно-жовтий сонячний диск, ніби йому було ніяково споглядати, як одного з останніх характерників убиватимуть на потіху орді.

Яничари, що відпочивали на юті, побачивши козака, загомоніли, тикаючи в нього пальцями. Вони були схожі на котів, що потрапили до продуктового льоху. Турок, який вивів Рудого, щось гаркнув сиплим голосом. За мить, усі, хто був на палубі, обступили їх, утворивши кільце. Хтось кинув полоненому під ноги шаблю, справжню козацьку шаблю. Мабуть, забрали у вбитого, або в того, хто здався. Івану хотілося б першого, але війна — не місце для лицедійства. Тільки дурні бачать у ній привід для суцільного героїзму. Насправді це вистава одного актора на ім'я смерть. А вона талановита особа, тому вміє вразити: несамовитий біль, відрубані кінцівки, пошматовані тіла, розтрощені голови з мертвими очима, полон, приниження, катування. І кров, кров, багато крові…

Руків'я шаблі виявилося пошкодженим, тому зброя постійно норовила вислизнути з вогкої долоні. Спочатку супротивник під веселе улюлюкання глядачів атакував досить повільно, намагаючись розтягнути задоволення. Напевне, вважав, що полонений козак надто виснажений, щоб бути небезпечним. Іван теж не поспішав, користуючись можливістю знайти слабкі міста в обороні яничара та при нагоді зробити один-єдиний випад, бо для наступного сил не залишиться.

Тим часом турок продовжував гратися, розважаючи публіку, яка час від часу вибухала радісними криками, заглушаючи дзвін сталі. Тільки-но Іван зібрався заспокоїти бусурмана навічно, навіть уже приготувався до того, що його роздеруть на шматки, аж раптом побачив за спиною супротивника те, від чого ледь не випустив зброю. Просто в натовпі, серед пітних, смердючих турків, наче перлина в багні, стояла його Ярина, немов промовляючи довгим поглядом глибоких темних очей: «Нумо, Іване, помстися за мене, чому зволікаєш?». Її обличчя було таким білим, що світилося, відбиваючи місячне сяйво. Вона розімкнула вуста. По підборіддю тонким темно-червоним вужиком заструменіла кров. Рудий намагався зосередитися на битві, але не міг відірвати погляду від того видіння. І чим довше він дивився в ті ще не мертві, але вже й не живі очі, тим більша буря здіймалася в ньому. Ненависть стікалася струмочками з найпотаємніших куточків свідомості, об'єднуючись у могутній чорний потік, що легко зривав усе на своєму шляху й перетворював душу на суцільну руїну. Рудий з криком болю кинувся на ворога, але тієї ж миті шабля випала з долоні й страшний удар відкинув козака на палубу.

— Чекай на мене, люба, я тут швиденько… — розбитими губами мовив Іван.

Навколо войовниче шаленіли турки:

— Відрубай йому ноги, руки, а потім голову!

Яничар дивився на козака, немов зголоднілий тигр на жертву. Очі налилися кров'ю, на обличчі розплилася хижа посмішка, відкрив-

ши криві жовті зуби. Він був готовий будь-якої миті виконати бажання натовпу, але Іван розумів те лише мізерною часткою свідомості. Він увесь був поряд з Яриною, яка стояла, здавалося, зовсім неподалік, дивилася на нього, кликала. Заради неї він готовий був перетерпіти й більші тортури, аби тільки, коли все закінчиться, пригорнути кохану до себе. Чи не цього бажав він останні десять років? Чи не про це мріяв, але ховав ті мрії від самого себе, немов позашлюбне немовля. І ось усе, чого так довго прагнула самотня й стомлена козацька душа, — поряд.

Десь далеко пролунав гарматний постріл, потім ще один. Рудий відчув удар. Напевне, ядро влучило в корпус, розтрощивши обшивку. Турки розбіглися хто куди, щось вигукуючи. Лише Іванів ворог залишився стояти над ним.

— Або знову берися за весла, або вмри, — намагаючись перекричати навколишній гамір і канонаду, прогорлав яничар. — Нікому з полонених козаків я не давав такого вибору!

У відповідь Іван тільки посміхнувся.

— Не зволікай, — відповів козак. Увесь його світ у той момент мав розміри тендітної жіночої фігури посеред палуби.

Турок презирливо хмикнув і здійняв над головою шаблю.

— Помирай, як собака!

Раптом Ярина зникла. Гримали постріли, тупотіли десятки ніг, лунала какофонія гортанних голосів, у прохолодному, вже нічному повітрі, немов сполохані горобці, метушилися чужинські слова. Кри-

чали, здається, що треба готуватися до відбиття атаки козацьких чайок, хтось зовсім поряд вимагав скоріше заряджати гармати. Було все, крім Ярини. Іван навіть забув, що його хочуть убити.

Несподівано щось важке впало прямісінько на нього. То був яничар, якому гарматним ядром відірвало голову. Якусь мить, лежачи нерухомо під тілом, що здригалося в конвульсіях, захлинаючись від потоків ворожої крові, Рудий отямився. У голові зароїлися думки, витіснивши навалу почуттів. Десь на кормі є пороховий склад. Ще в Очакові Іван бачив, як туди заносили важкі бочки та ядра. Інтенсивність обстрілів зі східного берега Лиману трохи зменшилася. Напевне зараз побратими спробують узяти на абордаж вантажні кораблі. Якщо ця посудина злетить у повітря, їм буде трохи легше.

Скинувши із себе мерця, Рудий підвівся, підхопив шаблю та побіг до корми, намагаючись не потрапляти на очі туркам. Утім, козак був настільки перемазаний кров'ю, що міг у будь-який момент удати вбитого. Але такі хитрощі не знадобилися. У запалі битви на козака ніхто не звертав уваги. Коли Іван наблизився до порохового складу, там було повно яничарів. Вони завзято тягали ядра, фасували порох по мішечках, при цьому не полишаючи безперестану белькотіти.

Несподівано щось гримнуло зовсім близько з такою силою, що важкі ядра розлетілися в усі боки. Здійнявся страшний галас і всі побігли в трюм. Судячи з усього, там утворилася пробоїна, бо знизу чувся плескіт води. На складі залишилося двоє. Часу на роздуми не було: треба або діяти, або тікати. Виринувши зі схованки, Іван тінню під-

кравcя до одного з охоронців й одним точним рухом перерізав йому горло. Поки той з булькотінням осідав у калюжу з власної крові, другий, що перед цим вовтузився біля порохової бочки, схопився за пістоль і вистрелив. Невелике приміщення швидко затягнуло димом.

То було диво, що іскра з пістоля не потрапила у порох. Затискаючи долонею прострілене плече, Іван присів біля вбитого ворога та почав нишпорити в його одежі. Як водиться, те, що потрібно, завжди опиняється в найдоступнішому місці. Пороховий туман роз'їдав очі, але під його покровом можна якийсь час залишатися непомітним. Треба було знайти ядро із запалом, перш ніж з'явиться підмога.

Намагаючись не кашляти, Іван підпалив подовжений шнур на ядрі та заховав його серед ящиків…

Розділ двадцятий

Дихання Борисфену відчував усяк, хто мандрував пізньою осінню цими місцями. Колючий осінній вітер гнав з ріки вологе й холодне повітря, що пробирало до самих кісток та щедро осипало подорожніх змертвілим листям. Старі дерева стогнали про втрачене, можливо, останнє для них літо, водночас міцний, але гнучкий молодняк завзято підспівував бешкетному вітрові.

Коли сонце намагалося сховатися за оголеними стовбурами, на невеликій галявині з'явилися двоє. Рухалися повільно, крадучись, розглядаючи кожен кущ, наче шукали зниклого товариша.

Той, що ступав попереду, нарешті зупинився й звернувся до супутника:

— Грицю, чому ти впевнений, що нам вдасться його вполювати?

— Та тварюка роздерла кумову козу, — відповів Гриць. — Не можна цього так лишати. Завтра, Мишку, вона завітає й до твого двору.

— Ми ж бачили якогось роздертого вовка по дорозі. Та й зайшли ми надто далеко. Переночуємо тут, а вранці повернемося, — сказав чоловік тоном людини, не налаштованої на заперечення. — Може,

козу твого кума розірвав не вовк, а сусідський пес, а може, він сам її забив і забув. Йому вже, слава Богові, восьмий десяток пішов...

— Тобі, я бачу смішно, — мовив Гриць, але сперечатися не став.

— Мені, Грицю, не смішно, а страшенно холодно. Розпалюймо скоріше ватру! Маємо нагоду поласувати лисицею, що ти підстрелив.

Коли майстерно оббіловану тушу жадібно лизало жовте полум'я, Мишко взяв до рук Грицеву зброю та почав уважно її розглядати.

— Гм... це справжня французька аркебуза з новітнім коліщатим замком, — зробив він висновок і заздрісно подивився на товариша. — Найпевніше, твій дядько купив її у якогось заможного ляха, бо в татар таких немає.

— Все-то ти знаєш, що і до чого, — буркнув Гриць, уперто вдивляючись у навколишню пітьму.

— Авжеж, певно, більше за тебе, — відказав Мишко. — Ти швидко занапастиш цей скарб, тому і кажу, продай мені, поки не пізно. Моя стара рушниця, що дісталася мені від діда, вже дихає на ладан...

— Знов ти за своє, — обурився Гриць. — Краще подумай, як нам швидше того триклятого вовка вполювати!

Зітхнувши, Мишко поклав аркебузу на простелений жупан та озброївся ножем. Відрізавши соковитий шматок від туші й скуштувавши його, він задоволено хмикнув. Потім витягнув невеличкий бутель у плетеній оправі з двома чарками.

— Якби мій дядько жив на Січі... — мрійливо мовив Мишко, відчуваючи, як міцний напій, продерши горло, зігріває тіло.

— У тебе немає дядька, — відказав Гриць, наливаючи наступну чарку.

— Якби був, я б краще за тебе розумівся на зброї.

— Ти чув?! — Гриць мало не подавився шматком.

— Що?

Обидва мисливці раптом відчули чиюсь присутність.

— Там щось рухається й воно наближається, — Гриць схопився за аркебузу. Мишко теж узяв до рук рушницю й кресалом запалив на ній ґніт.

Величезна ікласта морда виринула з пітьми в мерехтливе світло багаття.

— Свята Матір Божа... — видихнув Мишко й спустив гачок. Два постріли гримнули одночасно. Декілька миттєвостей навколо було видно лише туман від пострілів.

— Влучив у нього чи ні? — спитав Мишко, розв'язуючи порохівницю. — Я точно влучив, просто в пащу. Чого мовчиш?

Він повернув голову, але замість Гриця побачив ту саму пащу. Закривавлені ікла звіра виблискували, немов вилиті з металу. Вовк наблизився до застиглої від жаху людини. Під його лапами швидко розповзалася чорна калюжа Грицькової крові, що лежав поряд із розірваним горлом.

Мишко кинув розряджену рушницю й позадкував, не відводячи погляду від звіра. Але той невблаганно наближався, червоними очима роздивляючись чергову жертву.

Мишко спиною вперся в стовбур дерева. Тремтячими пальцями він мацав вкриту листям землю навколо себе, намагаючись знайти хоча б якийсь дрючок, але марно. Крик вирвався з його грудей, але потонув у смороді зі звіриної пащі.

Позаду готового до нападу хижака промайнула тінь. У наступну мить щось темне й важке збило його з ніг. Мишко більше нічого перед собою не бачив, крім світлої плями від багаття на галявині. Десь зовсім близько лунало оглушливе ричання, тріск гілок, клацання зубів. Листя, трава, чималі шматки землі вилітали з темноти, немов та шрапнель. Раптом стало тихо. Навіть вітер присмирнів і застиг разом з переляканою на смерть людиною, очікуючи чергової страшної несподіванки. На чорне небо несміливо виплив великий і яскравий місячний диск, намалювавши на галявині блідо-жовту пляму, на середину якої повільно вийшов величезний кудлатий звір із палаючими синім вогнем очима. Він став на задні лапи, підняв морду до місяця й протяжно завив. Потім на очах у здивованого Мишка став зменшуватися в розмірах і через хвилину перетворився на чоловіка в козацькому одязі. Потім зник.

Лише за годину Мишко наважився підвестися і наблизитися до того місця, де відбулося бачене ним перетворення, але, окрім скривавленого трупа свого товариша, нічого не знайшов. Мишко підхопив

рушницю й хотів чимдуж бігти до села, аж щось незвичне привернуло його увагу.

У затінку, під розлогим буком, куди не пробивалося бліде сонячне сяйво, Мишко угледів щось темне й величезне, що нерухомо лежало на ранньому осінньому листі. Напевне, то був знищений перевертнем звір. Мишкові раптом схотілося подивитися на ту дивину. Він почав заряджати зброю. Уява вже малювала, як він притягне тушу до села й буде розповідати про те, як бився з цим бісовим виродком разом із товаришем і переміг. Ноги самі несли Мишка до великої темної плями під товстим стовбуром. Обережно ступаючи, мисливець упритул наблизився до тіла і, побачивши пащу зі скривавленими іклами, відсахнувся. Мишкові привиділося, що з-поміж зубів чудовиська струмує ледь помітна пара від гарячого подиху. Начебто душа звіра виходила зі знівеченого тіла в пошуках нового дому. Невже воно ще живе? Водночас Мишко відчув поряд чиюсь присутність, від чого рідке волосся на його полисілій потилиці почало рухатися від жаху. Поряд стояв чоловік з худим виснаженим обличчям, одягнений у жебрацьке лахміття.

— Чи не знайдеться в тебе, добрий чоловіче, трохи води й хліба? — спитав незнайомець, пильно вдивляючись у Мишка.

— Ох і заніс тебе нечистий... — тихо мовив останній, розглядаючи незнайомця. Нічого незвичайного в ньому не помітивши, Мишко полегшено видихнув. — Ти бачив таке? Він щойно вбив мого друга, але я завдав цьому виродкові прочухана...

Жебрак якось дивно посміхнувся у відповідь.

— Якщо йдеш на полювання, будь готовий до зустрічі з шайтаном, — мовив він.

— З ким? — не зрозумів Мишко.

— З отаким-от звіром, — пояснив жебрак. — То як щодо води?

— Немає в мене води, — відказав Мишко, з підозрою поглянувши на незнайомця. — Наразі в мене нема що тобі дати…

— Ось тут ти помиляєшся, — мовив жебрак. Перед тим, як Мишко встиг зреагувати, незнайомець підніс указівний палець до його лоба. Потім в очах вибухнула яскрава блискавка…

Розділ двадцять перший

Він жив дуже довго. Набагато довше, ніж міг собі дозволити мудрець при султанському дивані. Іноді, коли тасавуф не міг заснути, перед його очима пропливали обличчя й події з минулого. Багато облич та безліч подій — добрих і поганих. Хоча з роками він уже не був упевнений, яких із них було більше. Те, що колись вважалося справжньою катастрофою, пізніше видавалося як добрий знак, а начебто добре — виглядало пожовклим листям під ногами його нового тіла…

Але дещо все ж таки лишилося незмінним. Чарівник добре пам'ятав той нетипово похмурий день, коли мати привела його, шестирічного хлопчика, до якогось суфія-відлюдника, що мешкав далеко в горах.

Вони мали три нестерпні дні пішої подорожі, оскільки осла довелося перед тим продати потайки від кредиторів за безцінь. Батько нещодавно помер, залишивши замість спадку купу боргів, за які їх обох з матусею погрожували продати в рабство. Щоб уберегти сина від злої долі, мати зібрала останнє, що лишилося, і серед ночі повела сонного Мухамеда невідомо куди. На запитання та сльози дитини жінка не реагувала, тільки міцніше стискала теплу дитячу долоньку, вперто простуючи крізь пітьму. Коли криваве сонце під-

ніймалося над долиною, вони ховалися в печерах, бо платити за нічліг було нічим. За ті три дні й три ночі мати не промовила ані слова. Коли Мухамед до неї звертався, вона лише змучено усміхалася й гладила його по голові. Але це зовсім не заспокоювало. Хлопчикові здавалося, що матуся втратила розум, і вони неминуче згинуть десь у передгір'ї від голоду, спраги або хижих звірів.

Остання ніч була найважчою, оскільки весь час доводилося йти вгору, долаючи шалений спротив холодного вітру. Коли над сусідньою вершиною з'явилася сонячна бляха, перед Мухамедом повстав невисокий дід із надзвичайно проникливим поглядом. На бритій голові — чалма, на худому тілі — хітон з мішковини.

Мати низько вклонилася незнайомцю, поцілувала Мухамеда в лоб, розвернулася й пішла. Він рвався за нею, кликав її, кричав, плакав, але сильні руки міцно тримали його. Все, що тоді з ним лиши-ло-ся, — це матусині сльози на чолі. Навіть зараз тасавуф іноді відчуває ту вологу на шкірі.

Суфій був надзвичайно старезним дідом. Перші декілька місяців він примушував Мухамеда носити воду з джерела, прибирати в печері, вчив готувати бовтанку з коренів. Хлопець прокидався рано й мав право на відпочинок тільки після того, як сонце втомлено ховалося за гірськими вершинами.

Два чи три рази Мухамед тікав, блукаючи горами, поки його, непритомного від голоду й спраги, не знаходив суфій і не приносив знову до печери.

Наступні роки навчання у свідомості тасавуфа давно змили хвилі десятиліть, що минули, але таємниці буття, життя та смерті, яким навчив його суфій, глибоко закарбувалися в пам'яті майбутнього османського чарівника.

Одне з найпотаємніших знань суфій передав Мухамеду перед самою смертю. Тасавуф і сьогодні чув той слабкий старечий голос:

— Я навчив тебе всього, що знав сам, але дещо залишав на потім. Ні, не тому, що ти був не готовий, а через те, що вважаю себе зобов'язаним нарешті відкритись тобі й попросити пробачення за власні недобрі наміри.

— У чому мій господар міг би завинити?

— Коли твоя мати привела тебе, я одразу ж вирішив, що твоє молоде й повне природних сил тіло стане моїм наступним притулком.

— Як це? — не зрозумів Мухамед.

— Колись я теж був безпорадною дитиною, яка потрапила на навчання до суфія. Багато чому той поважний старець мене навчив, але дечого я навчився сам. Наприклад, переселятися в інше тіло.

— Як такому можна навчитися? — з недовірою спитав Мухамед.

— Я натрапив на таємну печеру, існування якої вчитель багато років приховував від мене. Вона була набита сувоями. Час від часу всіма неправдами я заходив туди й випадково натрапив на спосіб продовжувати власне життя до нескінченності.

— Чому ж ви досі не скористалися тим знанням?

— Життя в цьому світі надто втомлює душу, — мовив старий суфій, — тому я йду на відпочинок. Але тобі може знадобитися здатність переселятися в інше тіло після смерті власного. Отож слухай...

З того часу витекло чимало води. Вже здобувши пост таємного радника при султанському дивані, тасавуф вирішив освіжити в пам'яті обряд переселення в інше тіло, адже кожному була відома правда життя: чим ти ближче до дивана, тим ближче до тебе смерть. За багато років приводів скористатися таємним знанням на диво не з'явилося, однак чарівник завжди тримав у голові магічну формулу, хоча до кінця не був певен того, що вона спрацює, коли буде потрібно, адже її не використовували багато століть.

Зустріч із козаком-перевертнем виявилася цілковитою несподіванкою для османського мага. Характерник був не з тих слабких неосвічених бовдурів, з якими доводилося мати справу до цього часу. Але причина поразки крилася в іншому. Як тільки тасавуф спробував використати силу булави проти ворога, вона несподівано зникла, немов піском висипалася крізь пальці. Відчувши це, чарівник відразу відкинув булаву, але вона не покинула його, витискаючи з тіла життя до останньої краплі. Величезним зусиллям волі вдалося створити для супротивника ілюзію власної смерті, щоб виграти час для переходу в інше тіло, що якраз ховалося в кущах, не пам'ятаючи себе від жаху. Далі все виявилося набагато простіше, ніж уявлялося. Мудрець майже відразу опанував свій новий притулок, легко подолавши сла-

бкий спротив його колишнього володаря. Ще трохи часу пішло на те, щоб витягти з пам'яті жертви необхідні відомості про її життя.

Поки тасавуф ходив колами по нічному лісу, у його свідомості поступово визрівав план, як заволодіти магічною силою булави...

Розділ двадцять другий

Петро один з перших побачив татар: їхні круглі обличчя, вузькі очі під дивними гостроверхими капелюхами. Вони були низькорослі, тому, сидячи на конях, здалеку скидалися на вгодованих парубків, які ледве вміщалися у власні кольчуги. То був ворожий авангард, і його не очікували зустріти настільки близько від кордонів Війська Запорізького. Ховатися запізно, тож доведеться давати бій. Петро вилаявся.

— Що, Соболю, побачив бусурмана й у штани наклав? — до хлопця наблизився худий, але жилавий козак без свитки, одягнений лише в яскраві малинові шаровари, перетягнуті широким поясом, за яким стирчав пістоль. В руці він тримав шаблюку. Бувалий рубака лукаво посміхався Петрові, весело гарцюючи на молодій кобилі, ніби й не помічаючи ворога.

— Ти краще подумай про те, якого прочухана ми дістанемо від Сірка, коли він довідається, що ми дали ворогу себе помітити, — мовив молодший Соболь, перевіряючи замки на пістолях.

— Нема про що думати, — відказав козак, — спробуємо спочатку залишитися живими.

— І то правда, — погодився Петро. Їх у розвідувальному загоні було менше ніж два десятки, а татарський авангард налічував чи не

вдвічі більше. Від такої перспективи гнів отамана здавався не таким вже й страшним. Головне, що вістовий уже в дорозі, а на тих червонопиких чекає вельми тепла зустріч.

Чи боявся Петро? Напевне, так. Коли він був ще малим і розпитував тата про війну, той говорив, що страх — то сила, яка допомагає здобути перемогу. Головне — бути його володарем, а не рабом. Звичайно, тоді малий Соболь не зрозумів тих слів: чи насправді можна володіти страхом? Чого саме він боїться: болю, полону, тортур, смерті? Як уникнути захоплення, йому багато розповідав Сірко. А смерть? На мить Петро побачив перед собою обличчя Калини. Раптом він знову відчув її подих, запах тіла, яке пахло дубовим гіллям і весняним квітом...

Коли орда, улюлюкаючи, наблизилася на відстань пострілу, Петро дістав пістоль і прицілився в найближчого. Його рука майже не тремтіла.

Вони з Калиною сиділи на березі того ставу, де вперше зустрілися, і насолоджувалися веселим пташиним співом у кроні старовинного дуба.

— Дивно, — нарешті перервала мовчанку Калина, — мені здавалося, що те дерево мертве. Пам'ятаєш, Петре, на ньому ж не було листя зовсім. Тільки мотузка з петлею.

Соболь зняв із себе жупан і накинув на худі дівочі плечі. Збиралася гроза й над водою гуляв холодний протяг.

— Забудь про те сухе дерево, Калино, — ніжно мовив Петро, прибираючи з гарного обличчя дівчини чорні пасма. — Його вже немає. Замість нього я посадив дуба, щоб нам з тобою сидіти разом і милуватися тим, як з півдня прилітають птахи, в'ють гніздечка на високих гілках, виводять пташенят. Ти бачила, як смішно вони роззявляють дзьобики, щоб батьки поклали туди якусь поживу?

Калина мовчала, намагаючись безтурботно усміхатися, але по її щоках текли сльози. Вони падали на землю великими краплями, перетворюючись на кров. Нарешті дівчина подивилася Петрові у вічі й запитала:

— А як же мотузка? Що ти зробив з мотузкою?

— Що тобі та мотузка? — Петро намагався розважити Калину, але бачив, як розпач уже замутив її погляд.

— Вона тримає мене, та мотузка, Петре! — уже кричала дівчина. — Тримає міцно, і я ніяк не можу звільнитися від того зашморгу. Врятуй, мене, Петре! Врятуй!

Петро прокинувся від того, що Калина трясла його за плечі, але насправді то був джура.

— Петре, прокидайся, — нетерпляче говорив той, — тебе хоче бачити отаман Сірко.

Молодий Соболь підвівся, але наступної ж миті завив від болю. Його тулуб був старанно перев'язаний, а поряд лежала скривавлена сорочка.

Джура мовчки подав козакові велику чарку з медовухою. Висушивши її, Петро пригадав, що з ним сталося.

З пістолів удалося заспокоїти одразу двох татарських вершників. Потім, оголивши шаблю, Петро прийняв удар поганського клинка. Тут у ворожого коня хтось влучив, і смертельно поранена тварина почала падати разом з вершником на козака. Петро вчасно відскочив і опинився віч-на-віч з немолодим уже татарином. Роззявивши майже беззубого рота, вимахуючи ятаганом, той накинувся на Соболя. Однак місяці Сіркової науки не минули для Петра марно. Козак бачив супротивника, який рухався повільно, немов той застряг у смоляній ямі. Один-єдиний випад — і він мертвий валиться додолу.

Для стороннього спостерігача, якби такий раптом трапився серед того смертельного танку, все виглядало так, немов Соболь рухався настільки швидко, що за ним майже неможливо було встежити. Бусурмани злітали із сідел, наче їх скидала якась невидима сила.

Сам Петро відчував лише холод у всьому тілі, немов навколо лютував січневий мороз. Напевне, йому б вистачило сили самотужки знищити весь татарський загін, але сталося несподіване: він побачив Калину й застиг, немов перетворився на соляний стовп.

Вона стояла просто посеред битви в самій лише сорочці. Гаряче дихання смерті, що володарювало навколо, куйовдило її розпатлане волосся, намагаючись вирвати з дівчини чорний розпач. Калина простягала до Петра обидві руки й щось шепотіла синіми вустами.

Видіння тривало лише мить, але цього виявилося достатньо, щоб бусурманська куля влучила в плече, а вороже лезо розсікло правий бік. Потім усе зникло: битва, татари, пилюка, обличчя побратимів. Петро опинився на березі ставу поряд з Калиною...

Блідий, немов сама смерть, Сірко лежав, укритий теплою ковдрою. Соболь навіть спочатку подумав, що він мертвий. Навколо його ліжка, ніяково переминаючись з ноги на ногу, стояли козацькі старшини. Вони ніяковіли в присутності гетьмана Самойловича та двох московських чинів разом з ним. Ті троє сиділи за столом трохи поодаль від ліжка і, не звертаючи ні на кого уваги, про щось у півголоса радилися. Коли Петро увійшов до отаманського куреня, поважні гості навіть не повернули голів. Натомість Сірко одразу жестом покликав козака до себе.

— Бачиш, он сидять уже, гадають, кого замість мене над Січчю поставити, — тихо мовив отаман.

— Марні ті розмови, — відповів Соболь, — адже жити вам ще і жити. Характерників на битви водити.

— Добрі слова ти говориш, друже, але вони не на часі. Моя остання битва з османським чарівником виснажила мене...

— Невже ви, отамане, не заволоділи булавою?

Старшини зашикали на Петра, зашаркали ногами по підлозі, дехто голосно закашляв.

— Не приведи Боже, щоб ті троє довідалися про силу булави, — прошепотів Сірко. — І без магічної сили вмиється Січ та Гетьманщина

кров'ю від приятелювання з московським царем більше, ніж від османів та ляхів разом узятих.

— Я не розумію, дядьку Сірко…

— Ось що я тобі скажу. І слухай мене уважно, — отаман підвівся, схопивши Петра за плече. — Булаву ту я відвоював, але знищив, щоб не дісталася вона ворогу.

Сірко зиркнув на Самойловича та його співрозмовників.

— Виходить, марно дядько Рудий загинув, — знітився Петро.

— Не існує нічого марного, — відказав отаман, — коли я віддам Богові душу, зроби, що скажу, і буде козацтво перемагати будь-якого супротивника.

— Що саме? — пожвавився Соболь.

— Відрубай мою правицю й носи із собою, як тільки яка битва трапиться…

— Дядьку Іване, ви при своєму розумі?

— Зроби, що кажу, хлопче, — відрізав твердим голосом Сірко. — Перед тим, як знищити булаву, я забрав частину давньої сили й зосередив її у своїй правій руці. Та сила мене й уб'є. Але що таке моє життя, коли цілий народ гине…

Сухе дерево нерухомо височіло над ставом, контрастуючи з кипучим життям навколо. Петро наблизився до товстенного стовбура й замахнувся сокирою. Глухий удар — ледве помітне тремтіння. Ще один удар. Потім знову. Гостре лезо раз за разом уперто впивалося

в скам'янілу мертву плоть, розкидуючи тріски навколо. Нарешті, не витримавши потужного натиску, дерево зі стогоном вкрай втомленої людини важко повалилося на високе пожовкле різнотрав'я. Але Петро не зупинився, продовжуючи шматувати того трупа на колоди.

Соболь так завзято орудував сокирою, що не помітив, як до яру спустився чоловік. Він зупинився неподалік і довго спостерігав за Петром. Нарешті хлопець кинув сокиру й присів відпочити. Відчувши на собі погляд, обернувся й підскочив так, немов сів на мурашник. Перед ним стояв Іван Рудий.

— Дядьку Рудий, це ви чи ваш привид? — спитав Соболь, недовірливо роздивляючись козака.

Рудий усміхнувся в сиві вуса:

— А сам як гадаєш?

— Знаєте, тут різне буває...

Іван присів на одну з колод:

— Коли позбуваєшся мертвого, до тебе повертається живе.

ЧАСТИНА ТРЕТЯ

Відьмина Стежка

Розділ двадцять третій

Рана страшенно боліла, і Петро був настільки слабкий, що не міг навіть тримати шаблі. Молодшого Соболя турбувало, як сприймуть побратими його чергове поранення, адже, попри молодість, уже майже рік для всіх на Січі він управний характерник, якого від смерті сам нечистий стереже. А тут, виходить, не встеріг. Чи може рука Сірка перестала діяти? Коли Петро поділився сумнівами зі старим писарем, якому чомусь вірив найбільше, той глянув на хлопця, наче побачив перед собою божевільного, і вирік фразу, яку повторював уже не один раз:

— Ех, засрав Сірко тобі мізки, хлопче. Від кулі тільки Мати Божа, покровителька наша, убереже. Та і їй не завжди те вдається.

— Що ж мені робити, дядьку? — не відставав Петро, потираючи місце поранення. — Як пояснити товариству це так, щоб кожен із них з таким самим завзяттям зі мною в бій ходив, як те було за отамана Сірка?

— Чого ти мене питаєш? — огризнувся той. — Я не характерник, а лише писар…

— У кого ж мені ще поради спитати, окрім вас? Рудий, оно бачте, у реєстрові подався.

Писар уважно подивився на молодого козака.

— Не варто тобі, козаче, камінь за пазухою на Рудого тримати. Життя не завжди таке просте, як може здаватися на перший погляд. Іноді доводиться приймати складні й не вельми приємні рішення. З ляхами зараз ліпше домовлятися, ніж ворогувати, бо не та вже сила у Війська Запорізького, як то було за моїх часів.

— Як може бути інакше, якщо полкова старшина на Гетьманщині або геть сполячилась, або подачки від царя московського чекає? — випалив у розпачі Петро, грюкнувши пустою чаркою по столу.

У відповідь писар лише втомлено похитав головою:

— Ось що я тобі скажу, а ти сам вирішуй, слухати старого каліку чи ні. Товариство ходить з тобою проти ворога не тому, що їх мертва правиця надихає, а тому, що всі тебе поважають і вірять у твій хист. А Сіркове краще поверни Сіркові.

Такі розмови останнім часом велися доволі часто, але жаданого заспокоєння Петрові не приносили, бо головного розповісти писареві він не наважувався. Калина все ще приходила до нього, забираючи силу й спритність у запалі бою, спокій серед нічної тиші. Іноді вона з'являлася одна, іноді разом зі Степаном. Обоє щось говорили до нього, навіть кричали, але він геть нічого не чув, хоч як намагався. Трухляве старе дерево над ставом було зрубане й спалене, його попіл розвіяний над Борисфеном, молитва в церкві прочитана, служба в попа замовлена, кільком ворожкам заплачено, але спокій уперто оминав Петрову душу. Декілька разів він поривався навідатися до тієї відьми, що напоумила його мати справу з Калиною, але кожного разу щось ставало на заваді тим намірам.

Похмурі роздуми молодого Соболя перервала весняна свіжість, що раптом увірвалася до куреня через відчинені двері, — то джура прийшов поратися.

— Там така справа, — мовив нерішуче молодик. — Прийшов добродій, на Січ проситься.

— То що? — невдоволено спитав Петро.

— Приніс шкуру якогось дивного звіра. Каже, що самотужки вбив перевертня.

— Базікати казна-що всяк ладен, — відказав Петро. — Нехай по колоді з відрами пройде, тоді товариство вирішить, бути йому січовиком чи байки в корчмі за чаркою правити.

— Може, і так, — погодився джура. — Однак багато хто вважає, що ти повинен подивитися на того звіра, бо вже надто він дивний. Такого по всій течії Борисфену ніхто не бачив.

Посеред майдану стояв стовп, на якому іноді висів бідолаха, що порушив постанови січового війська. Кожен, хто проходив повз нього, повинен був ударити принаймні один раз батогом по спині.

Тому в таких випадках майдан був зазвичай безлюдний. Але сьогодні те місце для покарань виявилося пустим і просто біля нього, оточений натовпом, уперши руки в боки, стояв якийсь пузатий дядько, одягнений у нову сорочку, широкі малинові шаровари, заправлені у високі, начищені до блиску чоботи. Дивно було бачити ті чоботи з огляду на те, що навколо пилюка стояла стовпом. Складалося враження, що кожен, хто на той час перебував на Січі, вважав своїм обов'язком розіпхати ліктями ближнє оточення й подивитися на величезну ікласту пащу невідомого звіра. При цьому володар того дива уважно придивлявся до кожного, хто до нього наближався. Навколо стояв страшенний гамір: козаки тикали пальцями в незнайомця, у його трофей, жартували й сперечалися стосовно того, як саме було вбите чудовисько.

Нарешті один із козацьких старшин підняв руку — і за мить над майданом запанувала тиша. Козак звернувся до незнайомця:

— Шановний добродію! Січове товариство хоче дізнатися, як удалося вполювати такого страшного звіра?

Той, кому було адресоване запитання, перш ніж відповісти, довго вивчав старого козака, ніби намагаючись побачити щось на його обличчі, але потім, коли мовчання надто затягнулося, відповів:

— Сам подивись і скажи, чи під силу простій людині вистежити й вбити таке страховисько? Підстрелив його я випадково, бо свята покровителька захистила мене.

Після цих слів натовп схвально загомонів, аж раптом хтось вигукнув:

— Може, ти пузом своїм задавив тут тварину, а не пристрелив, га?

Козаки вибухнули доброзичливим реготом.

— Покажи обличчя, дотепнику, щоб я бачив, з ким розмовляю, — спокійно відповів мисливець.

На середину вийшов Петро і, навіть не подивившись на чолов'ягу, став уважно розглядати трофей.

— З якої зброї його вбито? — спитав він. — Щоб пробити таку шкіру з відстані ста кроків, потрібно стріляти з пищалі...

— Або впритул з австрійської рушниці, — додав незнайомець.

Петро підняв очі й недовірливо оглянув того з голови до ніг. Натовп притих, очікуючи гострої розмови.

— Вдале полювання — не привід, щоб когось приймали до Війська Запорізького без випробувань, — нарешті порушив напружене мовчання старшина. — Якщо добродій готовий довести всьому поважному товариству власну вправність, запрошуємо до нас за тиждень, бо наразі Січ чекає чорна рада для розв'язання нагальних питань.

Козаки почали розходитися.

— Ти, напевне, той Соболь, чий загін останнім часом наводить жах на всі татарські залоги в Дикому Степу? — почув Петро голос незнайомця.

— Вправності вистачає будь-якому козакові в цій місцині, — мовив Петро, не обертаючись. Йому хотілося швидше знову лишитися наодинці, щоб чаркою вгамувати біль від поранення.

— У моєму селі всі кличуть мене Мишком. Багато чув про козацьку вдачу, не один раз на власні очі в ній пересвідчувався, — пузань порівнявся із Соболем, тягнучи за собою трофей. — Однак селами Гетьманщини ходять чутки про те, що дехто з православних заради перемог не гребує допомогою нечистої сили.

— Світ повниться чутками. Дослухаються до них тільки нероби й невігласи.

— Добре сказав, юначе. Сподіваюся, що Матір Божа подарує мені ще зустріч з тобою. Прощавай!

Петро зупинився й довго дивився вслід Мишкові. На характерника витріщалися мертві очі невідомої тварюки...

Розділ двадцять четвертий

Він вискочив з куреня так, немов там почалася пожежа. Схопив діжку з водою й одним рухом перехилив на себе. Крижана волога на мить затиснула голову й перехопила дихання, але одразу ж стало легше.

Петрові наснилося, немов він знову стоїть серед тої хати з убитою відьмою й щось шукає у великій скрині. Раптом серед мотлоху в очі впав золотий хрестик на скривавленій мотузці. Молодий Соболь відразу впізнав його. То був натільний хрестик Степана, з яким брат ніколи не розлучався. Потьмянілий від часу метал якось зловісно виблискував у мерехтливому світлі свічок. Яким чином ця річ опинилася у відьминій скрині? Невже ворожка вкрала його у Степана, а разом з ним і його душу?

Петро відчув чиюсь присутність, від якої холод огорнув усе тіло. Хотілося озирнутися, але шия перетворилася на дубову колоду. Козак затиснув у долоні братів хрест та рішуче стулив пересохлі губи. Зібравши залишки волі в кулак, повернувся. Відьма з розпатланим сивим волоссям сиділа в труні й дивилася на нього. Але здавалося, що

її погляд проходив скрізь характерника, нишпорячи десь у вічній пітьмі за вікном.

— Де Степан, брат твій? — Петро в заціпенінні спостерігав, як рухаються бліді вуста мертвої жінки. Кожен їх порух був таким повільним, що видавалося, поки вона говорила, минула ціла вічність. Але Петро намагався не піддаватися тим бісовим чарам.

— Те саме хотів у тебе спитати, — сказав він, щосили стискаючи Степанів хрест. Метал упивався в шкіру, і біль від того допомагала не втратити голови. — Ти ж сама занапастила його душу своїми бісівськими витівками. Тепер намагаєшся затягнути її до пекла?

— Ми розминулися з ним у темних хащах потойбіччя, — мовила відьма. Голос її бринів дивним відлунням у пустій хаті, наповнюючи просякнуте ладаном повітря безмежним смутком, від якого Петрові стало важко дихати. — Тепер ми блукаємо в пошуках одне одного й не матимемо спокою, поки не знайдемо, бо наші душі пов'язані в одне ціле.

— І що ти хочеш від мене? — спитав Петро.

У кістлявій долоні відьми невідомо звідки з'явився сувій. Вона простягнула його козакові.

— Це вісточка від мене для Степана. Зустрінеш його — передай.

— Вважаєш, маро бісівська, я буду виконувати твої забаганки? — крізь зуби мовив Соболь.

— Зроби це! — гримнуло у відповідь. Обличчя відьми наблизилося до Петрового впритул, і характерник відчув, що падає в чорну безодню її очей. Потім прокинувся й зіскочив з ліжка. Важко сказати, чого він більше злякався — мертвої відьми чи тої темряви, у яку провалився.

Байдужа ніч дивилася на Січ вічно холодним оком повного місяця. Легкий вітерець ніс із Борисфену вологу свіжість, але Петро чомусь задихався. Він намагався дихати на повні груди, але було таке відчуття, що в легені лине тільки пил. Оскільки останній тиждень трималася суха погода, пил був усюди: під чобітьми, копитами коней, він скрипів на зубах разом з їжею, неприємно прилипав до спітнілого тіла, просочувався в курені й лягав тонким сивим покривалом на одяг та начиння.

Петро озирнувся. Його кінь разом з іншими стояв прив'язаний біля стовпа й сонно жував молоду весінню траву. Темні громадини куренів тулилися одне до одного, піднявши до неба стовпи диму з димарів, немов котячі хвости. Прямі вулички між будівлями тепер здавалися Петрові завузькими. У самому череві тих перехресть та майданів ховалася темрява, яка весь час чатувала на жертву. Вона чекала поки неспокійний сон знову зморить утомленого козака, щоб разом з усюдисущим пилом пролізти в беззахисний розум і знову затягти православну душу в безодню.

Може, не вартувало ставати на шлях характерника? І спав би міцніше, напевно. З часу, коли він познайомився з Рудим, минув рік, але наче ціле життя перед очима промайнуло. Якби хоч хтось, чи дя-

дько Іван, чи Сірко, хоча б словом натякнули тоді на ту пітьму, що оселилася в душі…

Раптом Петро зрозумів, що Січ стала для нього затісною. Цей шмат суходолу, перетворений вправними руками у фортецю, під самими стінами якої невидимий підступний ворог увесь час робить свою чорну справу, зараз здавався козакові кліткою. Петрові ж хотілося простору: і щоб Чумацький Шлях, не затьмарений світлом від сторожових багать, простирався над головою до самого небокраю, і щоб відчути вітер у вухах, хрипіння коня та приємну важкість шаблюки на поясі.

Якби Сірка не вбила сила булави, якби Іван Рудий не втрапив при гетьманові в пастку дипломатичної тяганини, якби хтось один з них в ту ніч опинився поруч із молодим Соболем, то повідав би йому, що та темрява, з якою він зіткнувся в собі, є невіддільною частиною його душі з народження, тому тікати від неї немає куди. Напевно, тоді Петро лишився б сидіти біля багаття і, випивши чарку або й усі три, пішов спати. Але він був один, бо навіть старий писар спав і не міг допомогти йому мудрою порадою.

Коли ніч вже почала танути, немов масло на пательні, а зорі віддалялися, розчиняючись у ранкових сутінках, з північної брами виїхав самотній вершник. Січ мовчки дивилася йому в спину байдужим поглядом сторожових багать.

Розділ двадцять п'ятий

Ворожка стояла на ґанку в одній сорочці й перелякано тикала свічку Петрові в обличчя, чи то намагаючись так налякати непроханого нічного гостя, чи для того, щоб краще його розгледіти.

— Я чекала на тебе, щоб відтягати за чуба твою порожню макітру, — нарешті мовила вона.

— Справді, бабусю, щось найшло на мене під час того весілля, — примирливо відповів Петро. — Тільки й досі не полишає мене Калина. Допоможіть мені ще раз, бо немає життя з тою злою примарою.

— І що, чаклунські викрутаси не допомагають? — злорадно запитала стара.

Вона опустила свічку, але до сіней козака так і не запросила.

— Затятою виявилася ваша Калина...

— Калина у твоїй справі ні до чого, — відповіла ворожка, зітхнувши. — Устряв ти, хлопче, у щось недобре й мене за собою тягнеш...

— Що ви таке кажете? — здивувався Петро.

— Те, що чуєш. Після того весілля все село на мене донині визвіряється, бо хтось бачив, що ти до мене приходив напередодні. Погрожували хату спалити. Он дивись, що від хліва лишилося, — бабка потицяла згаслим недогарком на зітлілу руїну. Цього року, може, і до жебрацтва дійшло б, аби не допоміг мені один добродій із сусіднього села. Обіцяв хлів відбудувати, якщо з тобою його зведу...

Петро від несподіванки відступив на крок:

— Так це ти, стара колодо, мені ті страшні сни посилала, щоб я до тебе на пузі приповз?!

— Боронь Боже! — злякалася ворожка. — Я лише розповіла йому про тебе...

Петро загрозливо схопився за руків'я шаблі.

— Охолонь, козаче, бо негоже січовику піднімати шаблю на немічну жінку, — почув він знайомий вкрадливий голос із темряви позаду ворожки. Стара відразу ж знітилася так, наче боялася того голосу більше, ніж Петрової шаблі. Притискаючи до грудей свічку, вона зникла у сінях. Натомість перед Петром з'явилася кремезна постать Мишка.

— Що тобі треба? — спитав молодий козак.

— Зайди до хати. Не погребуй тим, що Бог послав, горілочки моєї доброї скуштуй. А потому й справи обговоримо.

Петро обережно опустився на лаву біля столу під образами. Тьмяне світло від свічок відразу нагадало про нічний кошмар. Перед

характерником стояла наповнена до країв чарка, але він до неї навіть не торкнувся. Мишко свою осушив одним махом.

— Повідай спочатку, добродію, хто ти й чого тобі треба. А потім і до оковитої справа дійде.

Мишко сів напроти Петра й налив собі знову. В убогій хатинці панував майже нестерпний дух сушеного різнотрав'я й було тихо. Лише за завісою біля припічка чулося чиєсь шепотіння: то ворожка творила молитву чи то Богові, чи то сатані.

— Особливо нема про що розповідати, — мовив Мишко. — Ти бачив того звіра, що я притягнув на Січ?

— Ну.

— Коли ми натрапили на нього, мій кум загинув у мене на очах. Тільки якимось дивом мені вдалося його підстрелити...

— І що?

— З того часу кум не полишає мене у снах, — продовжував Мишко, знову одним рухом перехиливши чарку. — І не тільки уві сні. Тепер я бачу його скривавлене й перекошене від болю обличчя всюди: на полюванні, коли пораюся по господарству, навіть коли з жінкою кохаюся...

— Для чого ж ти приходив на Січ?

— Коли зрозумів, що божеволію, вирішив таки навідатися до ворожки. Вона повідала мені, що існує єдина можливість позбутися набридливої мари — подорож стежкою відьом. Але мандри ті вельми небезпечні для простої людини. Бабця каже, що за її життя ніхто

звідти не повернувся. Щоб вижити на тій стежині, треба мати проти нечисті її ж силу. Після смерті Сірка серед низового козацтва такою силою володієш тільки ти.

— Про що ти кажеш?

— Не вдавай, ніби не розумієш, хлопче, — мовив Мишко. — Йдеться про спадок отамана. Я знаю, ворожка розповіла, що в тебе така сама біда, як і в мене. Тож ходімо разом.

Петро ледве здужав свою порцію оковитої.

— Якщо все, що ти розповів, правда, — сказав він, — я піду з тобою. Тільки належне Сіркові повернулося до нього.

— Але ж…

— Що я за характерник, якщо без отаманської правиці якусь мару трикляту не здолаю?!

Петро гримнув кулаком по столу з такою силою, що майже порожній бутель упав на підлогу й розбився. Гострі уламки переляканими щурами поховалися в темних закутках тісної світлиці.

Тасавуф пильно подивився на козака втомленими Мишковими очима, але нічого не відповів.

Розділ двадцять шостий

Степан Соболь сидів на високій вежі й розглядав криваві плями на власній сорочці. Очі сльозилися, але замість сліз по обличчю текла кров. Він не пам'ятав, як опинився в цьому місці та що було перед тим. Єдине, що лишилося у свідомості, — тісна халупа Орисі з холодною земляною долівкою, у вухах же лунали ритмічні удари у кволі двері, чи, може, то натужно билося втомлене серце, а чи десь далеко внизу, під кудлатими хмарами, били барабани…

А що сталося потім? Тут пам'ять підводила, але Степан розумів: трапилося щось несподіване й страшне. Раптом біля ноги побачив чималого щура з мокрою шерстю та довгим лисим хвостом. Той, стоячи на двох задніх лапах, тремтів, мабуть, від холоду, й пильно вивчав людину, часто кліпаючи маленькими чорними очицями. Степан був страшенно голодний, але відчув огиду від однієї тільки думки, що йому доведеться ловити, а потім їсти цього щура. Напевне, відчувши недобре, той зник серед холодних кам'яних плит, але голод нікуди не подівся, потрібно було щось робити. Долаючи слабкість, Степан підвівся. Навкруги простягалася сірувата молочна мла. Скрізь просвіток

у ній на козака дивився поглядом вічності Дикий Степ. Вільний вітер лагідно куйовдив пожовклу траву, що стелилася до самого небокраю.

Сльози нарешті висохли, лишивши на впалих щоках багряні патьоки. Ще Степан усвідомив, що десь біля підніжжя вежі справді б'ють у барабани. Отже, там є люди. Чомусь Соболь мав тверду надію на те, що йому допоможуть, принаймні дадуть води.

Десь поряд заскрипіли сухі дошки, і наступної миті перед Степаном постали два озброєні шаблями чоловіки. В них був погляд лихих січових рубак, але козак нікого з них не впізнав. Вони дивилися на нього так, як дивляться мисливці на довгоочікувану здобич.

Потім, під скрипіння зовсім гнилих сходинок та звук барабанного бою, який ставав дедалі гучнішим, незнайомці повели Степана вниз крутою драбиною. Коли те сходження вже почало здаватися йому вічністю, перед ним відчинилися важкі ковані двері. За ними, серед клубів сизого туману горіли багаття, розташовані великим колом. Їхнє світло відблискувало на темних м'язах оголених до пояса козаків, які у вечірніх сутінках нагадували грізних духів із потойбіччя. Точними рухами вони відбивали ритм на величезних тулумбасах.

Збоку на великому троні, спорудженому з людських кісток та черепів, сиділа людина. Степан не міг бачити її обличчя через густий туман навколо, але наблизившись, зі здивуванням упізнав Сірка. На його кремезному плечі з'явився вже знайомий щур, який одразу ж почав жадібно їсти з широкої долоні хазяїна.

— Отамане, це ви? — збентежено прошепотів Степан, але позаду боляче ударили по ногах, і він упав навколішки.

— Розумію твоє обурення, дорогенький, — тим часом мовив Сірко до щура. — Ще б пак! Цей невіглас хотів тебе зжерти. Але не переймайся, я нікому не дам тебе образити.

Скінчивши вечерю та покрутивши довгою мордою в усі боки, щур щось пропищав і кудись зник. Підкоряючись отаманському жесту, замовкли тулумбаси. Разом з тишею Степан відчув свіжість Дикого Степу, що дихнув на нього з темряви за межею освітленого багаттями кола.

Сірко підвівся та впритул наблизився до Соболя. Зустрівшись з ним поглядом, Степан відсахнувся — то були очі не знайомого йому отамана, а якоїсь невідомої істоти з чорною безоднею замість душі всередині.

— Що ж вони з тобою зробили... — ледве чутно сказав характерник у розпачі.

— Я не той, за кого ти мене маєш, чоловіче, — відповів Сірко, не відводячи від Степана пронизливого погляду. — Я великий польовий дух, Володар Дикого Степу. У спілкуванні з людьми набуваю зручний для вас образ.

Степан у відповідь недовірливо хмикнув: напевно, отаман з якоїсь причини втратив глузд, а може, це й справді Польовик, про якого ще в дитинстві доводилося чути багато страшних історій.

— Усі характерники, що загинули в бою з нечистою силою, проходять через мене. І я вирішую, чи йти їм у забуття, чи залишитися й бути вічним охоронцем Степу...

— Тобто я помер... — раптом у Степановій голові прояснилося, ніби хтось запалив світило в суцільній темряві. Він згадав фортецю, останню розмову з турком, після того намагання зв'язатися з Орисею, а потім... Степан хоч як намагався, але не міг згадати обличчя того, хто його вбив.

— Гм... і що ти вирішив? — спитав характерник.

Володар Степу відступив від Соболя на два кроки. У його руках невідомо звідки з'явилися шаблі. Одну з них він кинув Степанові:

— Доведи, що ти славний козак, і станеш охоронцем Дикого Степу!

Дух Степу досить вправно володів зброєю, тому характерникові було непереливки. Обидва супротивники тінями металися всередині кола під тривожний ритм тулумбасів. Кожен раз, стикаючись один з одним, клинки вибухали яскравим дощем сріблястих іскор, дзвін сталі стрімко злітав до неба, перетворювався на криві гілки кольорових блискавок, що перепліталися між собою й губилися десь у глибині нічного неба.

Аби не загинути в перші хвилини бою, Степан мусив відразу ж згадати всі секрети козацької бойової науки, адже чаклунство характерників на цього духа в образі отамана Сірка не діяло. Щоб Соболь не робив, перевага завжди залишалася на боці противника. З такою

вправністю козакові ще не доводилося стикатися. Зрештою він опинився в пилюці під одним з тулумбасів, а його шабля, яку він випустив з рук під час бою, лежала на іншому боці кола. Сил більше не лишалося навіть для того, щоб підняти голову — Соболеві здавалося, ніби він бився цілу ніч. А Володар Степу виглядав так, наче тільки поснідав. Він безцеремонно відтягнув Степана за ногу на середину кола й приставив лезо шаблі до горла. Тулумбаси знову змовкли, і Степан подумав, що вічне забуття — не так вже й погано в порівнянні з пекельними муками, про які свого часу товкмачив йому піп, але тягати його перед усім товариством за ногу, немов мішок з лайном, — то вже занадто. Добре, що батько не бачить його зараз. Хоч би там як, але все скоро скінчиться...

— Ти знаєш, як відрізнити справжнього воїна? — спитав Володар.

— Він не тягає побитого ворога, як скотину, у пилюці, — відказав Степан.

— Він б'ється не тільки силою м'язів та магії, а віддає заради перемоги душу, — мовив дух, удаючи, що не почув злого жарту козака. — Ніхто зі смертних не здатен мене здолати, тому охоронцями стають лише справжні воїни.

Степан утомлено зітхнув:

— Ну, і що ж ти вирішив, бісів чорт? — роздратовано спитав він.

— Ти виявився вартий того, щоб служити Дикому Степу! — шабля раптом зникла з його руки.

— Он як! — мовив Соболь, піднімаючись на ноги.

— Але я бачу у твоєму серці тугу за втраченою любов'ю. Життя з нею у вічності перетвориться для тебе в пекло. Дух знову вмостився на свій трон. На його коліна скочив щур і почав нишпорити в пошуках поживи.

— Про що ти говориш? — спитав Степан.

— Любов до жінки не личить січовику, — мовив Володар, двома пальцями погладжуючи щура, — бо коли він іде на битву, серце його не з ним. І добрим охоронцем у моїй сотні такий козак не буде. Але я бачу: ти славний рубака, тому допоможу тобі.

— Яким чином? — поцікавився Соболь.

— Душа твоєї Орисі шукає тебе, то ж іди їй назустріч.

— Куди йти? — Степан став серйозним.

— Мій вірний товариш стане твоїм поводирем у мандрах по Дикому Степу. Хоча ти й хотів його зжерти, але він зла не тримає…

Розділ двадцять сьомий

Що воно таке — Відьмина Стежка? — спитав Петро, коли вони разом із Мишком сідлали коней.

— Ворожка мені розповіла, що це шлях, яким повинна пройти кожна жінка, котра бажає стати відьмою, — пояснив Мишко.

— Невже і чоловік може йти тою стежкою?

— Звісно, може, але мало хто з чоловіків повертається з неї. Час їхати. Ми повинні встигнути пройти крізь браму до того, як заграва запалить ранок на сході.

Петро більше нічого не питав, хоча мало що розумів з Мишкових відповідей. Востаннє він так почувався, коли Сірко навчав його таємниць характерницької науки. Але душа отамана була прозорою, немов мавчина сльоза. З Мишком не так. Його очі нагадували поверхню тихого ставу, за оманливим дзеркалом якої ховався підступний вир. Петро не розумів, чи то плід його останнім часом хворобливої уяви, чи прихована загроза таки існує. У будь-якому разі вибір невеликий: або геть утратити розум від набридливих видінь, або ж довіритися цьому незнайомцю, а там — як вийде. Головне — завжди

бути готовим до несподіванок. А вони не примусили довго на себе чекати.

Цю місцевість Петро упізнав здалеку — на крутому березі невеликого озера ще виднілася розкидана тирса від спиляного сухого дерева. Козак натягнув поводи:

— Для чого ми тут?

У відповідь Мишко хитро посміхнувся:

— Я чув від старої карги про тебе, — сказав він. — Твоя мертва краля нам потрібна, щоб не згинути на Відьминій Стежці. Ти ж не захотів скористатися магією булави.

— На Гетьманщині перевелися живі відьми?

— Жодна з них ні за які скарби світу не зголоситься повернутися на той шлях, — терпляче пояснював Мишко, прив'язуючи коня до граба, — а твоя Калина залюбки погодиться, адже не кожного дня трапляються серед живих дурні, що зможуть провести її через Браму мертвих.

Петро підозріло подивився на Мишка:

— Відкіля ти все це знаєш? — спитав він.

— А ти поживи місяць із ворожкою в одній хаті, ще й не про таке довідаєшся, — весело відказав Мишко, розкладаючи на молодій зеленій траві все необхідне для обряду: гроно ще зеленої калини, якісь кістки. — Ну хто б міг подумати — козак-характерник боїться мертвої дівчини!

Калина стояла босоніж на рябій водній поверхні в тій самій білосніжній сорочці, у якій Петро бачив її у своїх видіннях. Темне кучеряве волосся спадало на худі плечі, легко піддаючись подиху вітру. Калина легко ступала по воді до берега, наче йшла полем. Петро ж не відчував ані жаху, ані самотності перед обличчям смерті, як тоді, коли зустрічав мару в снах або видіннях. Навпаки, страх у грудях зник, як ранковий туман, і на душі стало якось легко. Молодший Соболь був готовий і сам іти назустріч Калині, навіть ступнув крок, але Мишко схопив його за лікоть.

— Не поспішай, козаче, до смерті, вона до тебе сама завітає, коли час прийде, — тихо мовив він, уважно роздивляючись примару.

Калина ступила на берег і, зупинившись, подивилася Петрові просто у вічі:

— Я б ніколи не дозволила собі турбувати твій сон або з'являтися в розпал битви, наражаючи тебе на смертельну небезпеку. То душа твого брата кличе тебе на допомогу, — мовила дівчина. — Якщо ти йому не допоможеш, він навіки залишиться блукати між світами живих і мертвих.

Петро привітно усміхнувся, вірячи кожному її слову, що лагідно лунало з іншого боку буття.

— Проведи нас Відьминою Стежкою, — обізвався Мишко, — і наприкінці подорожі отримаєш жаданий спокій.

Калина поглянула на нього й вибухнула дзвінким веселим сміхом.

— Шановний добродій вважає, якщо я мертва, то прагну вічного спокою? Але справді мертвий лише той, хто не любить, чи не так, Петре?

Дівчина повернулася до козака й поклала руки на його плечі.

— Нарешті хтось знищив те кляте дерево… — усміхаючись, сказала вона. — Я скучила за тобою. А ти за мною?

— О-о-о! — протягнув Мишко із саркастичною посмішкою. — Ви тільки подивіться на це! Наш найспритніший характерник завів собі кралю з потойбіччя. Цікаво, що з цього приводу говорять закони січового братства?

— Я зроблю для тебе все, — сказала Калина. Її вуста не рухалися, але Петро добре чув дівочий голос у своїй голові. — Щоб зустрітися зі мною наступного разу, приходь на мою могилу, зірви з дерева калинове гроно й з'їж його. Я прийду до тебе. Ці складні ритуали з кістками висмоктують життя з того, хто їх проводить. І ще одне: будь обережний з цим паном — небезпечний він…

— Голуби сизі, може гайда до справи, га? — знову подав голос Мишко.

Тасавуф очима своєї жертви прискіпливо роздивлявся дівчину. Її погляд був прикутий до Петрових очей. Обидва мовчали, але досвідченого чарівника важко ввести в оману: між марою й характерником щось відбувалося, та з'ясувати, що саме, він не міг. Ритуал забрав багато сил у тіла, яким послуговувався турок, оскільки попередній володар був далекий від магічної науки. Це стало чер-

говою несподіванкою для тасавуфа — його вчитель про таке нічого не говорив. Треба якомога скоріше отримати тіло молодого характерника та його силу, аби заволодіти магією сарматської булави, але спершу потрібно здобути його довіру, послабити пильність. Це завдання саме по собі не з простих, а тут ще ця примара. Як тільки вона зробить свою справу, треба її позбутися при першій же нагоді.

Калина повернулася до Мишка й обдарувала його чарівною посмішкою.

— Немає нічого простішого, ніж ступити на шлях відьом, — загадковим тоном мовила вона. — Але чи впевнені мої поважні гості, що зможуть пройти тим шляхом і повернутися?

— Не турбуйся про нас, — роздратовано відказав Мишко. — Ти допоможеш?

— Чому ні? — відповіла примара. — Брама мертвих уже чекає.

— І де ж вона? — обережно спитав Петро, озираючись. — Навколо тільки голий степ.

— Петре, невже ти не бачиш? — здивовано запитала Калина.

І Соболь побачив.

Розділ двадцять восьмий

Як мені допоможе щур? — із сумнівом спитав Степан, пристібаючи піхви з шаблею до широкого шкіряного пояса.

— Йому відома дорога до Відьминої Стежки, — відповів Володар Дикого Степу, пестячи свого улюбленця. — А все, що знає він, будеш знати й ти.

— Он як… — тільки буркнув козак.

— Бережись і слухай свого провідника уважно, — зробив останню настанову польовий дух. — Світ мертвих не менш небезпечний, ніж світ живих.

— Може, підкажеш, чого саме стерегтися? — спитав Степан, скочивши на коня. — Бо не певен я, що зрозумію цього… поводиря.

Володар на мить замислився і відповів:

— Мамунів стережись. Останнім часом вони полюбляють полювати в наших місцях…

— Про Відьмину Стежку я колись чув від Орисі, вона багато про це розповідала. А от хто такі ті мамуни, твій господар так і не сказав. Може, ти знаєш, га?

Уперше за багатогодинну подорож Соболь звернувся до щура, але той, учепившись тоненькими лапами в сорочку, не звернув на характерника уваги, витріщаючись у пітьму та жалісно попискуючи. Якби не той писк та звук власного дихання, Степан опинився б у повній тиші й чорнильного кольору холодній темряві. Навіть тупоту копит його коня по сухій степовій траві чомусь не було чути. Згодом серед низького хмарного неба з'явилася жовта місячна скиба, від чого стало трохи легше на душі й захотілося з кимось поговорити.

Козак розчаровано похитав головою:

— Е-е, братику, так справи не буде. Польовик обіцяв, що твої знання про цей світ стануть моїми, а ти пищиш щось незрозуміле. До речі, коли тут ранок? Мені здається, ми вже добу їдемо, а навколо тільки ніч...

Раптом щур гучно та пронизливо запищав (від того непритаманного звичайним щурам писку в Степана заклало вухо) й одразу ж кудись зник. Соболь помітив, як навколо згущується туман. Кінь зупинився, немов його стриножили, не піддаючись ні на які вмовляння.

Несподівано зовсім поряд відразу декілька жіночих голосів затягнули якусь страшенно тужливу пісню. Імла засвітилася блідим світлом, і з неї одна за одною почали виникати стрункі тіні.

Степан не боявся. Він повільно й глибоко вдихав сизу густу поволоку, але разом з нею в його тіло сочилася млосна та липка туга. Ніби він бачив у тому тумані щось таке, чого потребував найбільше в житті, але воно лишалося недосяжним.

То було доволі дивно для суворого сорокарічного козака: хотілося одночасно плакати і сміятися. Може, справді — кинути просто зараз упертого коня, забути про Відьмину Стежку, про заблукалу під склепіннями смерті Орисю й пірнути в цей осяяний мінливим сяйвом серпанок?

Миттєвості одна за одною повільно спадали у Степанову свідомість, як густий дикий мед у пусту діжку, наповнюючи її солодким до нудоти онімінням. Вузлуваті пальці відпустили руків'я шаблі, і козак жадібно потягнувся до тих тіней, як зголоднілий жебрак простягає руки до пана, що проходить повз нього.

Зненацька очі засліпила блискавка, і на коротку мить характерник побачив перед собою щура. Той стояв на двох задніх лапах і пронизливо пищав. Коли видіння зникло, Степан прокинувся, наче звільнившись від полону, і знову схопився за зброю: гостре відчуття небезпеки опікало нутро й спонукало до битви. Тіні навколо перетворилися на вродливих темноволосих жінок у коротких до колін чорних сорочках. Кожна, як зброю, тримала величезне біле перо невідомого птаха.

Соболь ніколи в житті не бився з жінкою, і така перспектива його дещо бентежила. Інстинктивно він устиг наполовину витягти шаблю з піхов, але в ту саму мить щось гостре та гаряче торкнулося до його шиї.

— Напевно, за своє земне життя ти вбив незлічену кількість ворогів, та зараз не твій час, — промуркотів позаду вкрадливий жі-

ночий голос. Козак остовпів і випустив клинок — поза всяким сумнівом, це була Орися.

Соболь знову почав грузнути в мочарі глеюватої туги, але чергове блискавичне видіння голохвостого звіра вирвало його з чіпких обіймів сатанинських чар. Цей голос — лише мара, чаклунство, обман. Насправді Орися чекала на тому боці Відьминої Стежки, і щоб з нею зустрітися, треба вижити. Степан почувався роздратованим: якось дивно влаштовано світ — навіть після смерті втомлений козак повинен виживати. А як же рай і смачні книші на деревах?

— Ти запитував у Польовика-дивака, хто ми такі? — пролунало десь за спиною. — Ми мамуни, мисливиці за людськими душами...

Тієї ж миті жінки-воїни зникли, а густий туман перетворився в смерч, легко підхопивши Соболя з коня. Якась дика люта сила крутила, рвала тіло на шматки. Шалений вітер гнав пил з такою швидкістю, що кожна його частка, стикаючись зі шкірою, викликала гострий біль, наче то були дикі бджоли. Степан кричав від страшної муки, аж поки нарешті не провалився в бездонне провалля непритомності. Але то, як здалося, була лише коротка мить. Прийшовши до тями, він знову відчув ломоту в усьому тілі, наче його кістки, суглоби й м'язи перетворилися в єдиний згусток чистого страждання. Таких катувань навіть татари не знали.

Характерник підняв опухлі повіки й побачив перед собою молоду дівчину в чорному довгому вбранні. Її розкішне волосся було дбайливо зібране на потилиці у хвіст. У руці вона тримала перо, схоже

на гусяче, м'яким кінчиком якого водила по Степановому обличчю. У величезних темних очах читалася цікавість і навіть здивування.

— Чого витріщаєшся? Краще води принеси… — одними губами мовив Степан.

Дівчина відразу ж кудись побігла, вигукуючи щось незрозумілою мовою. Соболь озирнувся. Він сидів посеред оточеного гостроверхими шатрами майдану, прив'язаний до стовбура величезного розлогого дуба. Чорне небо, прикрашене місячним серпом, пильнувало вічну ніч над степом. Просто на землі, на невеликій відстані один від одного, горіли запалені каганці, утворюючи собою чудернацьке намисто. Здавалося, що хтось зняв його з траурного небесного оксамиту, аби створити прикрасу на втоптаній глині.

Десь здалеку знову почав лунати моторошний спів десятка жіночих голосів. Він ставав гучнішим — наближався. Минуло декілька довгих хвилин перед тим, як ступаючи поміж каганців, немов пливучи Чумацьким Шляхом, на площу вийшли жінки. Вони несли на плечах велику жіночу статую з розпростертими позаду крилами та діамантовою короною на голові. Жінка мала доволі войовничий вигляд: тримала в обох руках тонкі довгі пір'їни й з люттю дивилася на ворога, розкривши вуста в бойовому кличі.

Скульптуру обережно поставили навпроти дуба, де сидів Степан. Він намагався переконати себе, що дивне кам'яне створіння неживе, але марно — йому нав'язливо верзлося, що бовван оживає й кидається на нього.

Знову з'явилася знайома дівчина й піднесла до його потрісканих губ келих крижаної води.

— Я жриця Мамуни, нашої покровительки, — мовила незнайомка, спостерігаючи, як характерник жадібно ковтає довгоочікувану рідину. — Зі світу живих до Дикого Степу потрапляє не так багато справжніх воїнів. Більшість з них забирає собі на службу Дух-Польовик. Тому для нас велика удача захопити когось, схожого на тебе. Ти зробив велику помилку, коли не схотів лишитися з Польовиком-диваком.

— Чого ти так вважаєш? — спокійно спитав Степан, розглядаючи вродливу жрицю.

— Ми принесемо тебе в дар нашій заступниці Мамуні, — дівчина з жалем подивилася на козака. — Мені б не хотілося, аби такий воїн пішов у небуття, тому я буду молитися покровительці, щоб вона лишила твою душу тобі.

— Чому така прихильність?

Жриця озирнулася — на майдані не лишилося нікого, окрім статуї, але дівчина впритул наблизила власне обличчя до Степанового й зашепотіла:

— Зазвичай душа померлої людини схожа на муху, оплутану павутинням. Лишається тільки висмоктати з неї життя, як це робить павук. Але ти палаєш дивним вогнем. Любов, що в тобі колись поселилася, зуміла пережити смерть тіла. Хоча я служниця Мамуни від народження, але такого ще не бачила. Нехай моя богиня явить свою

волю! — останні слова жриця виголосила голосно, так, щоб хтось невидимий міг добре її почути. Потім вона пішла.

— То як ти збираєшся приносити мене в жертву цій кам'яній бабі?

— Мамуна вбиватиме тебе так, як ти вбивав інших, — не обертаючись відповіла дівчина. — Тільки вона полюбляє розтягувати задоволення...

Соболь лишився в мовчазній компанії мерехтливих каганців. У розлогій кроні дуба ще співав поховальний псалом нічний вітер.

«Що ж, — подумав козак, — за характерництво доводиться платити навіть після смерті» Йому здавалося дивним, що у світі мертвих також можна відчувати втому й разом з нею невгамовну жагу до життя.

Спливали хвилини. Степанів погляд постійно натикався на обличчя місцевої богині. Її скам'янілі очі теж були зосереджені на ньому, огортаючи свідомість чарами, і він продовжував дивитися на того дивного ідола, наче зачарований. Риси обличчя Мамуни почали змінюватися й ставати добре знайомими. І чим пильніше Соболь вдивлявся, тим яскравіше поставав перед ним образ Орисі. Та було в тому образі чимало чужого і темного. Коли кам'яні очі Мамуни-Орисі стали живими, а пір'їни перетворилися на розпечені до червоного гострі леза, Степан несподівано почув щурячий писк. Характерник не встиг оговтатися від марення, як виявив, що його зап'ястя вільні, і в до-

лонях лишилися шматки перегризеної мотузки. Щур уже стояв біля Степанових ніг на задніх лапах і несамовито верещав.

— Як же ти, друже, вчасно з'явився, — радісно сказав Степан, піднімаючись на онімілі ноги. — Ти правий, тікаємо, бо ці навіжені баби до добра не доведуть…

Щось пронизливо просвистіло біля самої скроні й ударилося в кору старого дуба. То була коротка бойова пір'їна. Його володарка стояла неподалік, похмуро роздивляючись утікачів.

— Ще ніхто не рятувався від чарів Мамуни, — глухо мовила вона. Її очі погрозливо виблискували чорними кристалами. — Зараз сюди прийдуть мої сестри й примусять тебе підкоритися долі.

— Чекай! — примирливо вигукнув Степан. — Чи не молилася ти великій Мамуні, щоб вона лишила мою душу мені? Може, покровителька почула те прохання?

Жриця мовчала. Її зброя з шипінням вислизнула з дерева й наблизилася до горла характерника, опікаючи шкіру жаром розпеченого металу.

— Невже ти підеш проти волі своєї заступниці? — Степан намагався говорити спокійно й вкрадливо.

— Тікай, якщо зможеш, — нарешті відповіла дівчина, — але я покличу на допомогу.

Першим на слова жриці відреагував щур, Соболь кинувся за ним.

Розділ двадцять дев'ятий

Петро відчував, як смердюча рідота стікає з його обличчя, проте в широких долонях козака вже тріпотіла здобич. Якби Іван Рудий сказав йому, що після року характерництва він ловитиме чорного півня, то Петро Соболь замислився б, чи варто пхати свого носа в такі справи.

Намагаючись не випустити впольованої птиці, Петро піднявся на ноги. Він стояв посеред печери майже по коліна у величезній калюжі. Як стверджувала Калина, саме тут була Брама мертвих, але козак не бачив нічого, схожого на браму: тільки слизькі, покриті брудно-зеленою пліснявою кам'яні склепіння та сморід, ніби польові миші зі всього степу збігалися сюди, щоб померти. Єдине, на чому затримався погляд характерника, як тільки він сюди потрапив, був півень. Той нерухомо стояв на одній нозі посеред печери й здавався майстерно вирізаною з чорного граніту фігурою.

— Ти диви, який красень! — здивувався Мишко.

— Чого на нього дивитися, — відказав Петро. — Не знаю, як хто, а я зголоднів, — і без зайвих слів кинувся ловити того півня. Однак схопити його виявилося вкрай непросто, бо був надто шустрий. Тому

молодший Соболь досить довго ганяв птаха печерою, поки досяг бажаного.

Мишко глипав на вимазаного в багнюці з голови до ніг характерника з виразом якогось жалю на обличчі. Дзвінкий сміх Калини лився на Петра з похмурих печерних склепінь, наче дівоча пісня на свято Купала.

«Чому вона така весела? — дивувався козак. — Невже тільки тому, що я спиляв те трикляте дерево та спалив мотузку?»

— Не дивись на мене так, буцімто я божевільний, — звернувся він до Мишка. — Твоєму череву буде не до сміху, якщо в цьому місці не знайдеться сухого гілля, а Калина не вміє готувати домашньої птиці.

— Гм... — відповів тасавуф вустами Мишка, а сам подумав, що черево цього ненажери, в тілі якого він зараз знаходиться, справді вже давно потребувало поживи, тому постійно відривало його від роздумів.

— Повинна попередити шановне панство, — сміючись сказала Калина, — якщо ви з'їсте його, то Брама мертвих так і залишиться недосяжною.

— І до чого тут півень? — розчаровано спитав Петро.

Він виглядав настільки кумедно, намагаючись пташиною дупою витерти бруд з обличчя, що навіть Мишко не зміг утримати усмішки.

— Ось я подивлюся, як тобі буде смішно за декілька годин, — ображено буркнув Соболь.

— Стань обличчям до стіни й випусти того бідолаху, — наказала дівчина, — тоді Брама відчиниться.

Петро, зітхнувши з жалем, випустив півня. Вирвавшись на волю, той зробив коло і, сівши знову посеред печери, пронизливо закукурікав.

— Пам’ятай доброту дівочого серця, друже, — мовив характерник до півня, але раптом помітив щось дивне.

Вода з калюжі прозорими намистинками підіймалася в повітря, осідаючи на кам’яній поверхні однієї з печерних стін. Менше ніж за хвилину під ногами в мандрівників стало сухо, а стіна перетворилася на дзеркало з чистої й прозорої води. Поки Петро разом з Мишком витріщалися на те диво, Калина, усе ще всміхаючись, наблизилася до дзеркала й щось прошепотіла. Вода почала горіти. Спочатку полум’я з’явилося коло самої підлоги, потім поволі піднялося аж до склепіння, перетворивши воду на пекло, від якого віяло нестерпним жаром і смертю.

Соболь і тасавуф відсахнулися, але Калина, мов і не було нічого, повідомила:

— Брама мертвих відчинена.

Не можна сказати, що запорожець аж надто зрадів з цього приводу, адже уявляв собі все дещо інакше.

— Як ми пройдемо скрізь полум’я? — спантеличено спитав Мишко.

Наче у відповідь чорний півень несподівано злетів і зник у вогні, лишивши по собі декілька обгорілих пір'їн.

— І куди ж ділася ваша сміливість? — сміючись, підбурювала чоловіків дівчина, але ті не рухалися з місця, ніби ноги зрослися з камінням.

— Добре, першою піду я, а потім за мною ви, якщо наважитеся, звичайно…

— Що тобі стане? Ти ж і так мертва, а ми, дяка Богові, ще живі, — подав голос Мишко, — ми ж згоримо!

— Межа між смертю і життям уявна, — відповіла Калина вже без усмішки. — Дехто з нас це повинен розуміти краще від інших. Чи не так?

Розвернулася й пірнула у вогонь.

— Про що то вона? — спитав Петро.

Тасавуф тільки знизав плечима, але про себе відзначив, що ця мара ще небезпечніша, ніж він думав, адже, напевно, давно його викрила. Чому ж досі не розповіла всього характерникові?

Мишко зробив крок у полум'я. Козак, заплющивши очі, ступив слідом. Коли він вийшов з іншого боку, то усвідомив, що нічого поганого, окрім того, що трішки підсмалив оселедця, з ним не трапилося. Натомість на Мишковій руці багрів чималий опік, але він, здавалося, не звертав на те жодної уваги.

Калина стояла на краю прірви й зосереджено дивилася в темряву перед собою. Десь далеко внизу можна було побачити жовто-

гарячу стрічку з розплавленої лави. На протилежному боці провалля височіли темні скелі, пронизуючи гострими лезами вершин посірілу плоть низьких хмар. Невже в такому місці вона проведе вічність? Невже це той спокій, якого вона прагнула з моменту власної смерті?

— Куди далі? — спитав Мишко.

— Туди, — Калина безсило махнула в бік дерев'яного містка, дальній край якого губився в мороці. — Це і є початок Відьминої Стежки.

Петро подивився вниз і відчув, як пальці на ногах мимоволі підігнулися — якщо ці мотузки не витримають ваги трьох тіл, летіти доведеться довго.

— Чого став? Ходімо! — сказав Мишко і, відштовхнувши характерника, ступив на грубо обтесані дошки. Навіть на початку містка деякі з них були повністю гнилі й при найменшому дотику перетворювалися на порохню. Вона нечутно падала в прірву.

— Піду останньою, — тихо, щоб не почув Мишко, мовила Калина. — Я ж мертва, тож навіть якщо й зірвуся, зі мною нічого не станеться.

З кожним кроком міст розгойдувався дедалі сильніше, погрожуючи скинути із себе трьох мандрівників. Та зупинятися не можна було: лава дмухала з темного черева прірви гарячим повітрям, від якого спирало подих та паморочилося в голові. А міст здавався нескінченним. Щокроку вперед темрява відступала, відкриваючи погля-

ду нові дошки настилу. Іноді їх узагалі не було. Доводилося пильно дивитися, щоб раптом не ступити в розпечену пустоту.

Щось ледве чутно тріснуло під ногою в Мишка.

— Обережно! — вигукнув він, але було запізно.

Петро, який ішов за ним, ступив на те саме місце й повис над безоднею, устигнувши схопитись однією рукою за канат. Міст почав із тріском просідати. Характерник нічого навколо себе не бачив, немов потрапив у суцільну темряву. Він вимахував вільною рукою, намагаючись ухопитися ще за щось, але долоня натикалася тільки на відчутний спротив густого, спертого повітря. Петро міг довго висіти там навіть на одній руці, але відчував, що під його вагою міст починає руйнуватися. Мишко, ким би він не був, загине. Якщо просто зараз розтиснути пальці, усе, що мучило його останнім часом, зникне в одну коротку мить, і він назавжди залишиться з Калиною. А Мишкові нехай Бог помагає...

— Калино, люба! — крикнув він кудись угору, відкіля чувся дівочий плач. — Зустрінемося по той бік життя!

Коли Петро вже відпустив канат, хтось невидимий підхопив його за іншу руку й витягнув на міст. Багрове Мишкове обличчя та його очі, які яскраво палали дивним синім світлом, — перше, що побачив молодший Соболь, опинившись на дошках.

— Почекай прощатися, хлопче, — весело сказав Мишко, — ще встигнеш. До того ж, ми майже прийшли.

Намагаючись не дивитися на перелякані й заплакані Калинині очі, Петро підвівся й за декілька кроків справді відчув під ногами надійну опору. Міст скінчився на скелястій терасі з невеликою печерою. Тут повітря було значно свіжіше, поміж розломів темних скал дув приємний теплий вітер, дихалося легко.

— Путь ще далека, — мовила Калина, озираючись, — пропоную трохи відпочити.

— Але ж нам потрібно поспішати, — спробував заперечити Мишко.

— Нам немає куди поспішати, — відказала Калина. — На Відьминій Стежці немає часу. Життя і смерть тут зливаються в одне, переплітаються між собою, переходять одне в одне. Добро і зло не змагаються за людську душу, але кожен, хто сюди потрапляє, сам вирішує свою долю.

Поки дівчина говорила, Петро дивився на неї, і в його голові билося тільки одне слово: «Відьма». Про це свідчив весь її вигляд, пронизливий погляд великий чорних очей, розпатлане волосся. Лишалося тільки дивуватися, як швидко слабка й перелякана дівчина перетворилася на справжню чаклунку.

Мишко теж не міг не помітити тих дивних змін, тож сперечатися не став. Розстелив жупан посеред печери й ліг, відчувши смертельну втому...

Він знову був малим хлопчиком, який дуже боявся свого старезного вчителя й тікав від нього при першій-ліпшій нагоді. Навколо

гори, гарячий розпечений кругляк над головою й гострі камені, які встигли добряче порізати ніжні дитячі ніжки. Мухамед ішов довго, як йому здавалося, на захід, сподіваючись за черговою вершиною побачити долину й рідну домівку, де на нього чекає мати. Та все марно — він знову заблукав. Хотілося пити, у голові паморочилося від спеки.

Аж раптом він помітив чиюсь постать. Хтось у довгому чорному вбранні стояв на одному з пагорбів. «Напевне, то вчитель», — розчаровано подумав малий. Але інша здогадка вразила ще більше: може, то матуся повернулася за ним? Мухамед кинувся бігти, забувши про ноги, сонце і спрагу.

Постать височіла спиною до хлопця поряд з розритою могилою.

— Мамо! — задихаючись від бігу, покликав хлопець.

Коли вона озирнулася, Мухамед справді побачив обличчя матері, але з ним було щось не так. Воно постаріло, витягнулося й стало схожим на череп, обтягнутий сухою шкірою. Колись ласкаві очі тепер чомусь світилися відчаєм і злобою. Мухамед зупинився, його тіло здригнулося від жаху.

— Невже я народила тебе, щоб ти мучив мене й після смерті? — незвично суворий матусин голос пронизував Мухамеда наскрізь, як ті яничарові стріли. Мара наблизилася до нього і поглянула в очі.

— Я стою тут над власною могилою і спостерігаю, як повз мне пропливає вічність. Вона кличе мене за собою, але ти тримаєш моє материнське серце між життям і смертю, — її тонкі губи скривилися у

щось подібне на усмішку. — Певно, Аллах посміявся наді мною, коли дав мені народити перевертня й убивцю!

У хирлявій матусиній долоні з'явився кинджал із блискучим тонким лезом...

Тасавуф підскочив із жупана, ніби лежав на клубку змій. Посеред печери тліли залишки багаття, поряд з яким нерухомо сиділа Калина. Її очі були заплющені.

«Це точно вона навела на мене нечистого, щоб підступно вбити», — злобно подумав маг, відчуваючи, як Мишкове тіло розривається від втоми. Воно вимагало покою та сну й важко піддавалося волі тасавуфа.

Поки Петро Соболь, уражений такою самою втомою, спав десь у глибині печери, чарівник вирішив скористатися нагодою й позбутися мертвої відьми.

У світлиці було темно. Тільки маленький каганець далекою зорею миготів під іконами в протилежному кутку. Духмяніло свіжою випічкою. Цей аромат Калина пам'ятала з дитинства, коли мати затемно підіймала її з теплої лежанки й вони разом, перемазані з ніг до голови борошном, випікали запашні буханці. Коли до маленького віконця привітно заглядав ранок, вона розносила свіжий хліб сусідам. Зараз той запах блукав темними закутками рідної хатинки.

Калина одразу ж помітила знайомий матусин профіль. Вона дрімала на своєму улюбленому місці біля вікна на скрині, де зберігала посаг для доньки.

— Неню! — тихенько покликала дівчина.

Мама підняла голову й ласкаво подивилася на доньку. Здалося, що в хаті відразу ж стало світліше від її погляду.

— Моя люба, — мовила вона, — дуже рада, що ти нарешті завітала до мене. Скучила я за тобою. Проходь, сідай-но тут, коло мене. Чого стоїш на порозі, ніби вкопана?

Калина опустилася на лаву ближче до матері, але майже не бачила її обличчя через сльози.

— Нелегка твоя доля, донечко, — продовжувала мати. Калина слухала той голос, і на мить їй здалося, що вона зовсім мала, лежить у колисці й чує свою улюблену колискову.

— Недовго мені судилося ходити по землі, — плачучи, відповіла дівчина. — Зовсім скоро я повернуся до тебе назавжди.

— Відьмина Стежка — непросте випробування, — відізвалася мати після короткої мовчанки.

— Знаю, але ж ми з вами завжди любилися й не тримали одне на одного каменя за пазухою. Ані слова осуду я не почула від вас у найчорніші дні мого життя…

— Але ти досі мене не відпускаєш від себе, — із сумом мовила мати. — Я тебе покинула, коли ти найбільше потребувала моєї підтримки. Якби я тоді лишилася з тобою, може, і не було б у твоєму житті

того сухого дерева над ставом і тої петлі. Тому мушу сидіти тут і страждати разом з тобою...

— Не маю я в серці образи на вас, мамо, — розгублено мовила Калина.

— А ти придивися, доню, пильніше. Для того й існує Відьмина Стежка, щоб зустрітися віч-на-віч з найпотаємнішими почуттями, які ми звикли десятиліттями ховати глибоко в собі. З часом вони перетворюються на сильного та підступного ворога, який поволі й непомітно знищує нас, поки не витягнемо його на світ Божий і не подивимося в його спотворене обличчя.

— Що ви таке кажете?

Раптом Калина відчула, що задихається.

— Стережись, люба, власного болю, — дала останню настанову мати й зникла, а темна тісна світлиця перетворилася на печеру. Хтось позаду справді душив дівчину мотузкою. Калина намагалася вирватись, однак боротьба виявилася марною — ворог був набагато сильніший.

— Клята відьмо, ти думала, що вб'єш мене своїми чарами? — прошепотів Мишко, сильніше здавлюючи петлю.

Ослаблими пальцями Калина щосили намагалася відтягнути мотузку на горлі. Світ навколо почав розпливатися.

— Йди собі в небуття, — вже здалеку продовжував шипіти голос. — Ти ж цього прагнула? І чекай на свого коханого. Його душа

невдовзі приєднається до тебе, як тільки я заволодію його тілом і силою...

Зненацька Мишко завив од різкого болю і відскочив від дівчини. У його коліні стирчало лезо у вигляді пір'їни чорного півня.

— Ти більше не будеш красти чужі тіла й знищувати людські душі! — прохрипіла Калина й встромила другу пір'їну в Мишкове чоло. Той без звуку впав у розпечене вугілля напівзгаслого багаття.

Розділ тридцятий

Догорав один з тих літніх теплих вечорів, які так любив Петро, коли вони з батьком поверталися з поля, милися нагрітою за день водою з великої діжки посеред двору й сідали за стіл під навісом, очікуючи вечерю. У молодій вишні гуділи хрущі, у багнюці ґелґотали гуси, мати на веранді гриміла казанами. У ту мить Петро знову відчув спокій і радість, які може відчути щаслива дитина в батьківській хаті.

Раптом з вулиці почулися жіночий плач і знайомі гортанні вигуки разом з тупотом кінських копит. То були татари.

Старий Соболь зірвався з місця й побіг у хату за шаблею та пістолями.

— Бери матір і тікайте разом у той пролісок, що за шинком коло ставу, — не обертаючись, наказав він. Петро кинувся до дверей. Щось просвистіло коло самої його скроні, і хлопець побачив, як стріла наскрізь пробила кремезну батькову шию. Захлинаючись кров’ю, старий упав біля ніг Соболихи, що стояла в дверях. На превелике Петрове здивування, матір уже простягала йому зброю, поводячись без

звичного для неї голосіння та сліз. Тільки пильно дивилася на сина, ніби збиралася про щось запитати.

Через тин на подвір'я вскочив вершник, озброєний ятаганом, слідом за ним ще один з луком. Одразу декілька чорних стріл ударилися в одвірок коло маминої голови, аж тріски розлетілися навсібіч. Петро встиг застрелити стрільця — батько завжди тримав пістолі зарядженими, постійно перевіряв, чи сухий порох. Другий пістоль вершник вибив з руки молодшого Соболя батогом.

— Тікайте, мамо! — вигукнув Петро, намагаючись якомога довше не підпускати ворога близько до дверей. Але Соболиха навіть не поворухнулася.

За тином на дорозі зібралися татарські вершники. Вони азартно вимахували скривавленими ятаганами, вигукуючи прокляття, і спостерігали за тим, що відбувається на подвір'ї.

Потужним ударом чобота вершник відкинув молодшого Соболя до стіни й, оголивши дрібні жовті зуби в злорадній посмішці, зіскочив з коня. Певно, татаринові подобалася увага товаришів, і він ладен був улаштувати для них виставу.

Витираючи з чола криваву юшку, Петро пильно роздивлявся свого неприятеля. Обличчя здавалося знайомим, але, очманівши від удару, козак одразу не зміг згадати, де бачив його.

Бій від самого початку не завдався. Найпевніше тому, що Петро постійно оглядався на матір, яка й далі вперто стояла на ґанку. Супротивник постійно атакував, ані на мить не послабляючи тиску,

не втомлюючись і не помиляючись. Коли характерник знову виявився затиснутим між лезом ворожого клинка і стіною, татарин уперше заговорив голосом Мишка:

— Я багато разів уявляв, як битимуся з тобою, але чомусь думав, що ти здатен на більше. Цікаво, а як щодо характерницької магії?

Цього разу Петрові вдалося вирватися й піти в наступ.

— Хоча про що це я? — продовжував знущатися ворог. — Твій брат навіть йойкнути не встиг, як віддав мені все, чого я бажав!

— Хто ти такий?

— Я полюю на силу сарматської булави, — відповів тасавуф. — Пам'ятаєш, я врятував тебе на тому містку? Тепер твоя черга віддячити мені — впустити у своє тіло.

— Що за маячня? — мовив спантеличений Петро, насилу відбиваючи чергову атаку.

— Твоя мертва відьма, між іншим, виявилася спритнішою за тебе — зуміла вбити тіло Мишка, але воно мені не пасувало — занадто слабке.

У запалі бою характерник із татарином опинилися в тісній світлиці. У хід пішли лави, столи, казани, начиння з мисника. Матері ніде видно не було — можливо, їй таки вдалося втекти.

Раптом у руці супротивника невідомо звідки з'явився пістоль.

— Прощавай, хлопче, — з гидкою посмішкою мовив татарин. — Невдовзі ти зустрінешся з матір'ю.

Гримнув постріл. Саме в ту мить між Петром і тасавуфом просто з повітря виникла стара Соболиха й одразу ж упала мертвою. З диким ревом козак метнув свою шаблю в татарина. Той розгублено подивився на руків'я, що стирчало в нього в грудях, і зник. Пропала й ущент розгромлена світлиця батьківської хати.

Перше, що побачив Петро, отямившись, було стурбоване обличчя Калини. Водночас він відчув біля свого горла щось гаряче й гостре.

— Прокинувся? — спитала дівчина. У її голосі чувся метал. — Тепер розповідай, хто ти насправді.

Молодший Соболь здивовано подивився на неї.

— Не знаєш, хто я? — роздратовано відказав він. — Що за жарт?

— Та не до жартів мені. Адже ти примудрився припхатися до мене з могутнім чарівником у чужому тілі.

— Хм... — у Петра страшенно боліла голова. — Ти про Мишка чи що?

— Як тільки я його побачила, відчула недобре. Тебе ж попередила, однак до останнього моменту не була впевнена. Але щойно цей фальшивий Мишко намагався мене вбити.

— До чого тут ніж під моїм підборіддям?

— До того. Тобі краще впевнити мене просто зараз, що його дух не вселився в тебе, — відповіла Калина.

Тільки тепер Петро побачив за її спиною Мишкове тіло. Його чомусь попечене обличчя було повернуте до козака. Єдине вціліле око здавалося живим і дивилося прямо на характерника.

— Він мені теж із самого початку не сподобався, — сказав Петро, відірвавши погляд від трупа.

— Твоїх слів недостатньо, — холодно відказала Калина.

— Що ж мені ще зробити?

— Впустити до свого розуму...

— Що?!

— Ти ж характерник, то знаєш, про що я!

— Справжній характерник тим і відрізняється від бовдура зі здібностями, що не пускає нікого до свого розуму, — відповів Петро, пильно вдивляючись в дівочі очі й намагаючись побачити там таку саму чорну порожнечу, яку він раніше бачив у Мишковову погляді. Отаман Сірко не навчив звільняти людську душу від полону чужинських чарів, а дарма. Бо якщо той чарівник насправді вселився в Калину...

Раптом усі події останніх днів вишикувалися у свідомості в цілком зрозумілий ланцюжок з того моменту, коли він уперше побачив Мишка зі шкурою перевертня. Потім їхня розмова в хаті ворожки. Дивна обізнаність незнайомця про булаву та її силу. Виходить, Сірко не знищив турка й сам загинув. Чарівник увесь цей час полював на нього, Петра, а він спромігся лише на неясні підозри. Нема чого й казати — добрий з нього характерник.

— Невже ти мені не довіряєш? — ображено спитала Калина.

— Чого б це я тобі вірив? — відповів Петро. — По-перше, ти мара, по-друге, може, той дідько зараз у тобі…

— Я думала… — у дівчини на очах виступили сльози.

— Наступного разу подумай краще перед тим, як пропонувати мені такі дурниці.

Блискавичним рухом козак перехопив дівочу руку й викрутив її так, щоб лезо вислизнуло з пальців. Із дзенькотом воно вдарилося об камінь, перетворившись на пір'їну чорного півня. Петро одразу ж отримав добрячого ляпаса.

— Відпусти мене зараз же, дурню! — гаркнула Калина. — Не щастить мені з хлопцями ні в тому світі, ні в цьому, — додала вона і відвернулася.

— Натомість мені чомусь весь час щастить на всіляких чарівників та відьом… — буркнув Петро, піднявши пір'їну.

— А ти хотів бути характерником і рубати звичайних людей направо й наліво, так? — саркастично запитала дівчина.

— Не знаю, чого я хотів… Так вийшло…

— Так вийшло… — передражнила хлопця Калина. — Колись я вже таке чула. Усі чоловіки однакові!

— Годі тобі, — примирливо мовив Петро. — Краще скажи, як це пір'я в лезо перетворюється.

— Краще кинь його, а то гірше буде, — глухий голос пролунав наче звідусіль.

Характерник вихопив шаблю, а Калина підхопила пір'їну, що одразу перетворилася на зброю.

— Які ж ви невгамовні… — якось втомлено пролунало у відповідь.

За мить характерник з дівчиною лежали непритомні поряд з мертвим Мишком. Навколо скупчувалися напівпрозорі сірі тіні.

Розділ тридцять перший

Худорлявий горбатий дідок невеликого зросту з блискучою лисиною на потилиці й гостренькою сивою борідкою присів навпочіпки, роздивляючись маленькими гострими оченятами свою здобич.

— Ага, оговталися вже! — зрадів він, побачивши, як Калина підняла повіки. — Скажи своєму нареченому, щоб не вдавав із себе мертвого. Я його наскрізь бачу.

Калина стурбовано поглянула на Петра, але помітивши, що той теж прийшов до тями, холодно відповіла:

— Ніякий він мені не наречений.

— Ну, то вже не моя справа, — відказав незнайомець. — Мене цікавить тільки одне: як ви примудрилися так вчасно потрапити до моїх володінь?

— А ви, дядьку, хто такий будете? — подав голос Петро.

— Я Ох, Володар Темних Скель, — відповів той, відразу ж випрямивши спину, — зазвичай ті, хто ходить Відьминою Стежкою, намагаються не лишати її, бо знають, хто я такий та чого від мене чекати. Але цього разу, схоже, я натрапив на цілковитих невігласів.

— І що тепер? — спитав Петро, нишком оглядаючись. Вони сиділи на чималій копиці пахучого сіна і, що найдивніше, не прив'язані. Це був просторий намет, освітлений величезним світляком, що сидів у банці, підвішеній до стелі, і знехотя ворушив довгими вусами.

— Мені не потрібні тут мотузки, якщо ти про це подумав, — з посмішкою сказав Ох, ніби прочитавши ледве народжені Петрові наміри. — Маю надійних охоронців.

На підтвердження тих слів перед полоненими з'явилися два величезних ікластих звірі з темно-червоними очима, чимось схожі на вовків.

— Знайомтеся, — самовдоволено додав дідок.

— Що ти збираєшся з нами робити? — спитала Калина. — До твого відома, я мертва...

— Моя люба, я живу в цьому світі не перше тисячоліття, тому легко відрізняю мертвяка від живої людини. Тож до тебе в мене питань немає, адже мої улюбленці ласують тільки живими...

— Я тебе в жабу перетворю, якщо з ним щось станеться. Ти почув?! — Калина раптом підскочила з місця й схопила Оха за комір його старенької свитки. На диво звірі-охоронці навіть не ворухнулися. Натомість Володар Темних Скель вибухнув реготом.

— А ти кажеш, що він тобі не наречений!

— Я сам можу про себе подбати, — похмуро промовив Петро. Хлопцеві було зовсім не до вподоби, що якесь дівчисько захищає його, козака-характерника.

— Ти б неодмінно отримав таку нагоду, — відповів сміючись Ох, — якби не мій старий приятель — Володар Дикого Степу.

— З ним треба ділитися? — в'їдливо запитала Калина.

— Якщо ти мене зараз задавиш, то ні про що не дізнаєшся.

Дівчина знехотя відпустила діда й сіла на своє місце, намагаючись не дивитися на Петра, бо трохи ніяковіла за свій випад.

— Так от, — почав говорити веселий Ох, — Польовик-дивак, з яким ми давненько приятелюємо, нещодавно прислав до мене свого посильного з якимось мертвим характерником, щоб я йому допоміг потрапити в лігво Болотниці-красуні. — На плечі Оха раптом з'явився щур і невдоволено запищав. Однак той продовжував: — Цей смертний блазень, бачте, шукає свою кохану-відьму...

— Степан?! — вирвалося у Петра. — Він живий?

— Гм... — дід почухав потилицю. — У якомусь сенсі так, хоча йому не пощастило — він потрапив у полон до мамунів і вирвався з тих смертельних обіймів ледве притомним. Силу жіночої наснаги змогли подолати тільки мої друзі-охоронці...

— Де він? — тепер уже молодий Соболь був ладен схопити Оха й витрясти з нього всі його тисячолітні кістки. — Що ти з ним зробив?

— Я вилікував його, — мовив Ох дещо розчаровано, — так би мовити, схопив його напівмертву душу за волосся, бо готова вже була втекти...

— Чому ти це зробив? — спитала Калина. — У твоїх друзів піст?

Ох якось несподівано серйозно поглянув на дівчину:

— Хоча я вважаюся чи не найзлішим з усіх місцевих духів, але навіть мені буде незручно перед Польовиком, якщо я згодую того невдаху своїм чотириногим друзям. Бо винен я йому...

— Веди мене до нього! — Петро підвівся, ледь не вдарившись головою об наметову жердину.

— Ти диви, який швидкий, — звернувся Ох до щура, піднімаючись. — Їх що, на тому світі не вчать старість поважати?

Вони вдвох сиділи на скелястому виступі. В обличчя їм мороком та холодом дихала безодня. Степан роздивлявся темно-сіре рядно з хмар, що плескалося просто над головою. Погляд його, задумливий, повний смутку й туги, ніби проривав мертве небо, намагаючись потрапити в рідне село, на подвір'я, де він виріс, у рідну хату, щоб побачити батька та матір.

Петро прискіпливо роздивлявся брата, уважно слухав його розповіді про фортецю, Орисю й бусурманського мага, Польовика та мамунів. Пропускав кожне слово крізь себе, намагався уявити все, про що йшлося, відчути на собі. Саме так він робив, коли малим слухав розповіді батька про Січ. Однак цього разу щось було не так. Можливо, річ у тому, що він, живий, перебував у світі мертвих і слухав мерця, а можливо, справа в ньому самому.

Молодший Соболь боявся зізнатися сам собі, що насправді не довіряє ані власним очам, ані власним вухам. Адже той, хто зараз сидить перед ним, може бути ким завгодно. Раптом козак відчув поро-

жнечу: до чого ж він дожився зі своїм характерництвом — до смерті, недовіри, самотності. Хіба таким має бути життя людини? Чи варте воно того?

— Чому той турецький чарівник не переселився тоді в тебе? — нарешті спитав Петро. При цьому він страшенно ніяковів, бо йому здавалося, що Степан бачить його недовіру.

— Не знаю, — коротко відповів той.

Знову мовчання, тягуче, липке, котрого не повинно бути між рідними братами, які попри смерть знову разом.

— Що тобі батько розповідав про мене? — спитав Степан, не відриваючи погляду від хмар.

— Казав, що ти був пластуном і загинув у бою з татарською залогою на Перекопі.

— То була неправда. Сірко навмисне наказав пустити плітки про мою смерть, щоб я міг почуватися безпечніше в Кизи-Кермені.

— Останнім часом я звик до брехні... — відізвався Петро.

— Я розумію твою недовіру, зважаючи на те, з чим тобі довелося мати справу, — Степан пильно подивився братові в очі. Петро не раз у дитинстві стикався з тим поглядом, коли Степан намагався випитати, куди в сусіда зникали черешні. Молодшому Соболеві раптом стало соромно за власні сумніви.

— Ти живий, а я вже мертвий, — далі вів Степан. — Для мене вже немає дороги назад, а ти ще можеш повернутися й прожити гарне життя за нас обох, помститися за матір з батьком, за хату, за село.

— Я повернусь, коли ти отримаєш спокій.

Степан усміхнувся:

— Ти коли був малий, брехати не вмів і до сьогодні так і не навчився.

— Ти про що?

— Зізнайся, ти попхався до пекла тільки тому, що спідниця мертвої дівки тобі спокою не давала, га?

— Тобі теж, я бачу, у пеклі спокійно не сидиться, — відрізав Петро.

Степан накрутив оселедця на вухо:

— На тому світі ти б образився на мене...

— Ми не там, і я вже інший, брате, — тихо сказав молодший Соболь.

— Розкажи ще про батька з матусею...

Декілька годин виснажливої подорожі на спині кудлатого звіра по серпантинах гірських стежин давалися взнаки — у Петра страшенно боліли сідниці. Схоже на величезного вовка створіння, на якому доводилося їхати, хоча з першого погляду й здавалося кремезним, але під його брудною довгою шерстю нічого, окрім хребта й ребер, не відчувалося.

Калина весь час сиділа позаду молодого запорожця. Вона міцно обхопила його руками та, поклавши голову на плече, дрімала. Цікаво, на що схожий сон мертвої дівчини? Петро намагався зайвий раз

не ворухнутися, щоб не потурбувати її, хоча робити це на охівському охоронцеві було досить непросто. Яке ж то дивне відчуття, коли жіноче волосся торкається обличчя...

Весь цей час характерникові не давало спокою єдине питання: що мав на увазі Ох, коли називав його, Петра, її нареченим? Злий дух так кепкував з них, чи Калина насправді його кохає? А якщо ні? Батько колись говорив, що жіноче кохання, як дикий звір, якого справжній чоловік мусить приручити.

Степан, що їхав попереду, раптом зупинився. Він зіскочив зі звіра й підійшов до Петра:

— Далі охоронці Оха не підуть — ми на кордоні Мавчиних Боліт.

Петро окинув поглядом рівнинну місцевість, де вони опинилися, минувши черговий гірський перевал. Долина, оточена з усіх боків темними скелястими вершинами, була вкрита яскравою жовто-зеленою ковдрою з молочаю та калюжниці, над якою стелилася імла, сором'язливо прикриваючи собою чорні прогалини болотної багнюки.

— Тут нічого немає, — збентежено мовив Петро.

— Як мені повідав Володар Дикого Степу, місцеві духи не полюбляють гостей, тож зовсім скоро на нас звернуть увагу, — відповів Степан.

— Ти впевнений, що Орися саме тут? — із сумнівом спитав молодший Соболь.

— Кожна мертва відьма потрапляє після смерті до володінь Болотниці, — сонним голосом пояснила Калина. — Вона змушує їх ховатися по болотах того світу й зваблювати молодих парубків. Я не впевнена, що вона так просто віддасть тобі Орисю, Степане.

— Чому? — насторожено спитав той.

— Ох казав, що вона надто жадібна до людських душ…

Розділ тридцять другий

Петро накинув свій жупан на худі плечі Калини й присів поруч. Вони довго сиділи разом, мовчки вдивляючись у вічні сутінки світу мертвих.

— Скажи мені, Петре, що буде, коли Степан та Орися знову зустрінуться?

— Вони повернуться до Степу, — відізвався Петро, — і, можливо, попросять Польовика, щоб той відправив їхні душі в небуття.

— А що робитимеш ти?

Петро здригнувся. Про це він запитував себе відтоді, як зустрівся зі Степаном.

— Чи існує якийсь спосіб, щоб ми вдвох повернулися до світу живих?

Калина лагідно поглянула на хлопця:

— Коли мертві повертаються до живих, нічого доброго з того не виходить.

— Тоді я лишуся з тобою...

Калина присунулася до Петра й поклала голову на його сильне плече. Її волосся знову приємно залоскотало його щоку.

— Дивне в нас з тобою, Петре, кохання, — після довгої мовчанки знову заговорила дівчина, — ані освідчень, ані пристрасті. Ніби ми з тобою одне ціле, аж раптом наче покривало спадає з очей — і між нами глуха стіна.

— Ти про недовіру? — спитав Петро, наважившись пригорнути до себе Калину.

— Ні, я про смерть. Навіть коли ти тут, зі мною, вона завжди між нами.

— Тоді я помру заради того, щоб бути з тобою!

— Чи ти здурів?

— Степан міг би служити в Польовика охоронцем Дикого Степу, — запально почав пояснювати Петро, — однак ризикнув власною душею, щоб цілу вічність бути одним цілим з Орисею. Чим я гірший?

— У тебе є зобов'язання у світі живих перед братом і батьками.

— Я настільки тобі немилий, що хочеш швидше мене позбутися? — сумно запитав молодий Соболь.

— Я хотіла б завжди бути разом з тобою, — тихо відповіла Калина й міцніше притулилася до Петра.

— Ти це бачила? — раптом спитав він.

— Що саме?

— Дивись, он там!

Калина протерла сонні очі й справді угледіла декілька яскравих кольорових вогників. Вони метушилися по долині, ніби готувалися до зустрічі важливих гостей. З кожною миттю їх ставало більше.

— Це що, світляки? — глухо пролунав позаду Степанів голос.

— Невже світляки бувають кольоровими? — здивувався Петро.

— Так нас зустрічає Болотниця, — тихо мовила Калина. Молодий Соболь раптом відчув, як вона затремтіла.

— Не бійся, — спробував він заспокоїти дівчину, — я з тобою.

— Болотниця — могутня покровителька всіх відьом. Саме тут, на її болотах закінчується Відьмина Стежка. Так мені Ох розповідав, — говорила Калина, намагаючись упоратися з лавиною жаху, що накотила на неї звідкись зсередини, хвиля за хвилею, перехоплюючи дихання й паралізуючи тіло.

— Але чи не цього ти хотіла? — не розумів Петро, спостерігаючи як множаться «світляки», повільно наближаючись.

— Щоб стати відьмою, кожна жінка повинна зіткнутися із жахом, — відбиваючи дріб зубами, пояснювала Калина, — тільки так пробуджуються в неї надзвичайні здібності.

— І що? — спитав Степан.

— То Болотниця пробуджує жах. Якщо жінка впорається з цим випробуванням, стає могутньою відьмою...

— А якщо ні?

— Вона топиться в цих болотах і навіки лишається наодинці з пробудженим жахом...

Калина хотіла ще щось додати, але застигла. Очі стали великими й круглими, з чола лив піт. Дівчина вчепилася в Петра й закричала. В обох Соболів захолола кров у жилах від того крику. Разом з

ним напівпрозорою тінню з дівчини виходили безмежні потоки страждання і болю. До цього вони роками накопичувалися в потаємних закутках душі, набираючи силу й терпляче очікуючи на свій вихід.

Жах, виплескуючи разом із собою всю нескінченність найчорніших відчуттів, безжально рвав на шматки свідомість. Калина відштовхнула Петра й покотилася по землі, рвучи на собі волосся й до крові дряпаючи обличчя, шию, груди…

Соболі намагалися зупинити дівчину, але Жах надавав їй надлюдських сил, і вона легко розкидала кремезних козаків у різні боки.

Петро вихопив шаблю й кинувся у скупчення «світляків» із криком:

— Припини!!!

Він шалено вимахував клинком, намагаючись розігнати їх. Вони на мить відступали, але потім знову наближалися, наче п'явки, прилипаючи до чобіт та мокрого від роси леза.

— Припини!!! — характерник продовжував кричати щосили, але його вже зірваний голос губився в потоках жаху, що продовжував литися з вуст Калини.

Раптом усе скінчилося. Тиша вдарила по вухах і забриніла дзвіночками у голові. Калина, відхаркуючи криваву юшку, намагалася підвестися. Приголомшений Степан допомагав їй. Стало незвично ясно. Тяжко дихаючи, Петро озирнувся. За десять кроків від нього просто на болоті стояла висока білява жінка, одягнута в довгу на-

півпрозору сукню. На голові, мінливо виблискуючи дорогоцінним камінням, красувалася корона.

— Болотниця… — ледве чутно видихнула Калина.

— У твоєму світі моїх сестер катують і вбивають — пролунало над болотами, — але тут будь-яка зброя безсила.

— Я ще нікого не вбив, — відказав молодший Соболь, — хоча бажання таке вже з'явилося!

— Ці вогні — душі померлих відьом.

Петро вклав шаблю в піхви й відступив. «Світляки» згуртувалися навколо Болотниці. Один з них почала швидко збільшуватися, перетворюючись на велику сферу сліпучого світла, з якої, поважно ступаючи, вийшла жінка.

— Орисю! — гукнув Степан і, не пам'ятаючи себе від радощів, кинувся до неї, але наштовхнувся на якусь невидиму перешкоду. Тоді він опустився на коліна й простягнув до жінки обидві руки.

— Орисю, це я, Степан — продовжував кликати він.

Петро вперше в житті бачив на суворому обличчі брата сльози.

— Вона тебе не пам'ятає, — мовила Болотниця й додала: — Я знаю, для чого ти прийшов.

— То відпусти мою кохану зі мною, — попросив Степан, — бо не матиму спокою, поки наші душі не разом…

— Тут, на болотах, так само, як і у світі живих, усе має свою ціну, — пролунала відповідь.

— Я готовий сплатити будь-яку!

Степан стояв на колінах перед Орисею, немов молився Божій Матері, але мертва відьма виглядала байдужою: тільки холодно дивилася на козака, точніше крізь нього, кудись углиб навколишньої темряви.

Петрові було боляче бачити брата таким. Куди подівся той незламний і гордий воїн, яким він завжди вважав Степана? Невже за тою силою ретельно приховувалася зовсім інша людина? Адже не може жінка, навіть відьма, зробити таке зі справжнім характерником.

Але що він, Петро, міг знати про жіночу владу над чоловічою душею? Недарма упродовж століть для жінок на Січі не було місця. І зараз, дивлячись на застигле обличчя Болотниці, на приниження рідного брата, Петро нарешті повною мірою второпав сенс тої заборони.

У грудях клекотала лють. Молодший Соболь був готовий кинутися з шаблею на володарку Мавчиних Боліт, але Калина ледве помітно затисла його долоню у своїх холодних пальцях.

— Ти не маєш нічого цінного, — сказала Болотниця, — а от твій брат має...

Степан нарешті відірвав погляд від коханої й подивився на Петра.

— Послухай мене, болотна бабо, — не стримався той, — якщо тобі неодмінно треба забрати чиєсь життя, забери моє. Тільки-но гляди — не вдавися!

Посмертна маска, на яку скидалося обличчя Болотниці, раптом ожила. Тонкі брови підтягнулися догори, вуста хижо вигнулися в іронічній усмішці:

— Живі люди в царстві мертвих — це завжди цікаво, — сказала вона так, наче зачитувала вирок перед стратою, — пристрасть, біль, провина, ненависть. Усе це як протяг морозного повітря в задушливому склепі.

— То що ти вирішила? — наполягав Петро.

— Віддавши життя за брата, ти відчув би себе героєм, — продовжувала Болотниця, — адже у твоїй родині Степан завжди був поважним воїном, бився з ворогом нарівні з батьком. На відміну від тебе, якого мати ховала під спідницю, усіма силами намагаючись якомога довше втримати твою лиху козацьку вдачу в шорах. І за цю материнську слабкість ти таємно навіть від самого себе ненавидів брата.

— Що ти верзеш, клята примаро? — прохрипів Петро, але його губи зрадницьки затремтіли. Він відчув себе голим — захотілося заховатися кудись від поглядів Степана, його зачарованої Орисі, недосяжно могутньої Болотниці, і навіть у погляді Калини відчувалося здивування й розчарування.

— То як воно — бачити в очах близьких тобі людей, наче у свічаді, темний бік власної душі та ненавидіти їх за це?

Коли перед Петровими очима заволокло суцільним багровим рядном, а лють була готова вирватися зсередини нелюдським виттям, поряд продзвенів голос Калини:

— Досить!

— Те саме я наказала моїм сестрам, коли вони намагалися вбити твого нареченого, — мовила Болотниця. — Пам'ятаєш, Петре, нашу першу зустріч на тих болотах, коли ти шукав Орисю? Якби я хотіла твоєї загибелі, ти б давно був мертвий. Не варто ненавидіти того, хто відкриває тобі очі на правду. Він вартий вдячності, адже продовжує дні твого життя.

— Моя душа за душу Орисі, — тихо мовила Калина й зробила крок уперед.

Не встиг Петро отямитись, як невидима стіна поглинула дівчину, водночас Орися непритомною впала в обійми приголомшеного Степана.

— Калино!

— Прощавай, любий! — здалеку донісся її голос. — Нас навіки розділила смерть, але ми лишаємося завжди разом.

Вивергаючи всі відомі прокляття, Петро раз у раз кидався на невидиму перешкоду, щосили гамселив її кулаками, ногами, рубав шаблею.

Калина з мокрими від сліз щоками стояла зовсім поруч, але лишалася недосяжною. Чим довше козак змагався з невідомою си-

лою, тим більше обличчя дівчини перетворювалося на маску мерця, а погляд ставав холодним й пустим.

Раптом усе зникло й навколишня місцина знову вкрилася мороком із присмаком калюжниці на вустах.

— Прощавай, брате! — тихо сказав Степан, і вони разом з непритомною Орисею розчинилися в темряві.

Молодший Соболь навіть не помітив, як залишився один — живий у царстві мертвих...

Епілог

Усі цвинтарі на Гетьманщині мають однакове обличчя, щедро розмальоване кривими хрестами. Кожен надгробок скидається на сувій, на якому неписьменна доля знехотя лишає свій убогий знак.

Підковані копита гупали по землі, і здавалося, що під зеленою ковдрою ховається пустка — останній притулок для мертвих.

Петро зупинив коня й озирнувся, шукаючи когось поглядом. Цей старий цвинтар здавався йому неосяжним. Могили тісно тулилися одна до одної, шикуючись нерівною чергою в темно-багрову вечірню далечінь.

Біля однієї могили без хреста молодий Соболь помітив маленьку згорблену постать. Здалеку здавалося, що сама смерть прийшла провідати одного зі своїх підопічних. Петро зіскочив з коня й наблизився.

— Її поховали тут таємно, щоб піп не дізнався, — пролунав скрипучий голос ворожки, — адже вона самогубця.

Петро присів поряд із надгробком і довго мовчав. Лише бурив поглядом сиру землю, намагаючись крізь неї угледіти знайоме обличчя.

— Той чоловік, Мишко, так і не повернувся? — запитала стара й важко зітхнула: — Лишилася я без комори...

— Полагоджу я вам комору, бабусю, — відповів характерник, — за те, що показали, де спить Калина.

RUBIE

ТВОРЧА МАЙСТЕРНЯ РУСЛАНА БЄДОВА

ЗАМОВИТИ ІНШІ КНИГИ АВТОРА

https://www.amazon.com/author/ruslan_biedov